边界感

父母做得少，孩子懂得多

李少聪◎编著

航空工业出版社
北京

前言
PREFACE

边界，就是分清楚什么是你的，什么是我的。边界包括空间边界、情绪边界、语言边界等。建立边界，目的是让我对我自己负责，你对你自己负责，同时拒绝你替我的人生做主，我也不要为你的人生负责。但在亲子关系中，这种边界感非常模糊。孩子的很多问题，都是父母缺乏边界感导致的。

没有边界感的父母喜欢催。看到孩子磨磨蹭蹭，一点时间观念都没有，父母就忍不住对孩子催促。殊不知，孩子的意识尚在觉醒中，就像一颗刚刚破土而出的嫩芽，催促就像拔苗助长，只会毁掉孩子自身内在的成长动力。父母改变催促的习惯，孩子才能改掉拖拉磨蹭的坏习惯。

没有边界感的父母喜欢讲大道理。每当孩子不听自己的话，或者为了孩子少走弯路，为了孩子的未来着想，父母就会忍着内心的暴躁，尽量给孩子讲道理。不管是孩子贪玩游戏、赖床、不爱学习、不做家务，父母都能临场发挥一大堆道理。父母的大道理就像贪吃蛇，越来越长，长的屏幕里都快装不下了。无奈，孩子从来都是左耳朵进右耳朵出，最后连百分之七都接收不了。只有改变喋喋不休的讲道理，才能有效唤醒孩子的自觉性。

没有边界感的父母无法控制自己的情绪。别人的错误，尚且能容忍，可当自己的孩子做了错事后，父母们就很难控制自己的情绪，忍不住对孩子大吼大叫。有时，甚至不问清楚原由，对着孩子就是一顿狂风暴雨式的数落。孩子就像受惊的麻雀，缩在墙角下，不知所措。

但没有犯错哪有成长？孩子总要从错误中走一圈，才能找到正确的方向。有边界感的父母，都在改正错误的批评方式。正确的做法是先倾听孩子内心的声音，了解孩子真实的想法后，再用轻松幽默的方式，让孩子在错误中找到一条成长之路。

当孩子沉浸在自己的世界里时，无论他正在做什么，父母都要忍住，别去打扰。也不必担心孩子渴了、饿了，然后借着关心孩子的名义，不断去打扰孩子。因为，安静中的孩子，其实是在悄悄伸展枝丫，慢而有序地成长。改变打扰的习惯，孩子才能保持专注力。

每个父母内心都有一个想象中的孩子，很多父母会按照想象的样子来改变孩子，把孩子当成自己的私有物品。其实，孩子是独立的个体，他有自己的喜好，有自己的习惯，有独立的思想。孩子需要自己的空间和可自由支配的时间，来满足个人的需求。真正的爱，不是剥夺，而是放手，是把人生的权利交还给孩子。父母改变过度干涉的习惯，孩子才能顺着自己的节奏成长为最优秀的自己。

本书从八个方面，告诉父母如何建立语言、行为、情绪等方面的边界感，让孩子变得自律、主动、有责任感。

父母的行为是孩子最好的表率。只要父母愿意做出一点点改变，哪怕只有 1%，孩子就能做出 99% 的改变。让孩子改变，就是这么简单。

目录

Contents

第三章 父母有边界，孩子才自觉

第四章 批评有边界，孩子更容易进步

第五章 建立情绪边界，孩子不哭闹

第六章 行为有边界，孩子更有专注力

第七章 用规矩建立边界，孩子更主动

第八章 给孩子掌控权，自由的孩子更自律

毁掉孩子一生的“杀手”，不是游戏而是父母的嘴，如果父母管不住自己的嘴，很有可能毁掉孩子的一生。

——李玫瑾教授

第一章

父母有边界，孩子更优秀

教育家克鲁普斯卡娅说：“父母是天然的教师，他们对儿童，特别是幼儿的影响最大。”教育其实就是父母和孩子一起成长的过程，父母只有不断地学习改变自己，使自己成为孩子的成长导师，才能在生活中潜移默化地影响孩子。

Chapter one

总被催的孩子，会怎么样？

孩子做事情总是慢半拍，缺少边界感的父母就不由自主地养成了催促的习惯。催促的背后是焦虑，催促多了，就会把焦虑传染给孩子。

场景回放

自父母离婚后，悦悦一直跟着妈妈生活，妈妈是个要强的人，当别的孩子还在玩沙坑、堆城堡的时候，悦悦不是在弹钢琴、练跆拳道，就是在奔赴其他培训机构的路上。一天傍晚，妈妈刚把她从托管班接出来就要带她去书法班，悦悦却僵立在车旁，说什么也不肯上车。

妈妈：你怎么这么不懂事？你以为妈妈是为了谁？让你学这学那，不就是为了让你比别人更优秀吗？

悦悦：妈妈……我……

妈妈：你知道妈妈这一天到晚有多累吗？

说着就捂脸大哭了起来……

悦悦：妈妈……不哭……

案例分析

当新生命在妈妈体内开始孕育时，家庭内部的焦虑感也会随之而生。而在养育孩子的过程中，生活处处都在贩卖焦虑，有时候因为朋友圈里的孩子太优秀，有时候因为孩子自身成绩不好，有时候因为工作家庭难两全，有时候因为另一半的不理解，有时候因与老人教育观念不同等等。总之，有太多不顺心的事令父母疲于应付、烦躁不安。内心的焦虑感积压多了、久了，就容易控制不住情绪。其中最大的体现，就是将焦虑转移到近在咫尺的孩子身上，做什么都要赶着催着。

催熟的东西向来酸涩难耐，不如自然成熟那般香甜。每个孩子都有独属于他们自己的内核与承载量，父母的焦虑一旦转嫁到孩子身上，无疑是给孩子加重负担和压力。孩子的成长需要循序渐进，不能一蹴而就。聪明的父母都懂得，给孩子创造条件的同时，也需要慢慢等待。俗话说："十年树木，百年树人"，一颗青苗尚需十几年光阴方能壮而参天，一个有血肉有情绪有思想的孩子定然需要更充足的时间，去慢而沉稳地成长。

父母能做的就是耐心一点，给孩子足够的时间，让他慢慢来。台湾著名女作家龙应台在书中写道："我，坐在斜阳浅照的台阶上，望着这个眼睛清亮的小孩专心地做一件事。是的，我愿意等上一辈子的时间，让他从从容容地把这个蝴蝶结扎好，用他5岁的手指。孩子，慢慢来，慢慢来……"

很少有人在父母这个身份上做到毫无焦虑，适当的焦虑是健康的，但是焦虑过度就会影响自己的情绪和判断。俗话说心病当需心药医。英国著名的精神分析学家唐纳德·温尼科特在一本书中写道："照顾孩子是妈妈天然就会做的事情，你自然而然就知道该怎么做，而且做起来得心应手。最美妙的是你不需要多么聪明，甚至你不愿意多想的时候可以不去想它，顺应你的天性就好。"

写给父母的话

很多糟糕的事情，其实并没有想象中那么严重。

我们每个人都是一个独立的个体，不该让孩子去背负双重人生。亦如童话大王郑渊洁说的："家长应该把家族的荣耀自己背在身上，给孩子创造一个轻松惬意的成长环境。"

专注当下

不用去彻底解决那些让你焦虑的事情，发生在昨天的已经过去，未来的还无法到达，焦虑也不能改变什么。不如好好活在当下，对自己说"不必担心，凡事总会有好的一面。"学会接受那些看起来有些糟糕的事情，因为接受之后，心态才能很快恢复平和。心态平和的父母，是在用身体和灵魂滋养孩子，让他的成长之路变得丰盈又美好。

给自己找份工作

即便是全职妈妈，也不要把生活的重心全部放在孩子身上。可以利用孩子上学的空档找些相对比较自由的工作，比如在网上撒撒简历，找网络兼职，既能工作自由又能照顾孩子。人一旦忙起来，自然无心考虑那些糟糕的事情，更不会胡思乱想，也能减少与这个社会脱轨而造成的不安感。

种种花草，养些可爱的小鱼

好的心情和放松的心态都是由美好的事物渲染的。可以在阳台上养些自己喜爱的花草，在厨房闲置的位置上摆上几盆可爱的多肉，在客厅里自己常注视的地方养些小鱼。如果有一片小菜园，那就再好不过了，无论是种花还是种蔬菜，都不要空置着。因为快节奏的生活必须要有诗情画意来调剂。当你烦躁时，看一看花开正好，好心情自然就多了。

Chapter one

摧毁一个孩子，有多简单！

控制欲就像一把温柔的刺刀，这种没有边界的爱只会在不知不觉中伤害孩子。鲁迅先生曾说：“父母对于子女，应该健全的产生，尽力的教育，完全的解放。长者须是指导者、协商者，却不该是命令者。”

场景回放

热播剧《小欢喜》中有一段令人揪心的场面：英子报考高考志愿时选了向往已久的天文系，可妈妈宋倩却偷偷修改了女儿的志愿。这让长期以来忍受妈妈控制的英子终于走到了崩溃的边缘，她走去海边，想要以死亡来摆脱妈妈的控制。

英子哭着对赶来的妈妈说：

英子

因为你对我太好了，给我做饭吃，照顾我的生活，我觉得我不配。因为你，我已经 34 天没有睡过一个好觉了，我现在只想要逃离你！

宋倩很爱女儿，可她从未考虑孩子的需求，还对孩子说：

妈妈什么都没有，只有你。

妈妈

这是妥妥的把控制欲凌驾于孩子的情感上，让女儿觉得她只能照着妈妈说的做，不能有一丝一毫改变。一次又一次，最终将英子推向了深渊。

案例分析

剧末英子并未“跳海”，那是因为妈妈终于意识到成绩好不好并不重要，女儿快不快乐才是关键。她开始尝试尊重孩子的选择，英子也如愿进入了南大天文系。

但生活中又有多少父母能幡然醒悟呢？孩子一定要严管，这是大多数父母的想法。如果这件事父母觉得不能做，或者孩子做不好，会立刻告许他“不可以”；如果这件事父母觉得很有意义，或者对孩子是有好处的，便又不容拒绝地让他去参与。

例如：妈妈给你报了个钢琴班，学音乐好处多，你上点心，好好学；放假之后你就在家里好好读书写作业，哪儿也不许去；只能两天吃一个冰淇淋，不许多吃，膨化食品不许吃，可乐一口也不能喝……

所以，社会上的巨婴越来越多，叛逆到无法无天的也比比皆是。而这一切，都源自父母的一句“为了孩子好”。老话常说“父母之爱子，则为之计深远。”这本是一句博大精深的话，却被当代父母们过度解读，一直帮孩子做各种决定，铺设成长路线。孩子们怎么想的，根本不重要。这看上去是爱，可实际上是控制欲在作祟。

国内知名心理学家李雪老师曾表示：父母控制欲的手伸向哪里，孩子一生都将在那里体会到痛苦；一个身体只能承受一个灵魂，如果父母的控制密不透风，孩子实际上已经精神死亡。

为人父母，可以以经历者的身份，把知识、经验和技能一一传授给孩子，但也要为孩子保留部分空间，让他既有服从的态度，也有做决策的勇气。不再事事控制，孩子才能拥有足够的自由，成长为最优秀的自己。

写给父母的话

孩子不小，且远比你想象中的独立。

父母最常挂在嘴边的一句话是“孩子还小，懂什么？”其实孩子懂的特别多，即便是一周大的小孩子，面对饥饿时，都会选择食物，而不是玩具。因为，他清楚地知道自己此刻最该需要的是什么。人生来就是会思考的，在不同的年龄段有不同的思考逻辑。而有思考的逻辑，就会对不同事物产生不同的看法，这一点是绝对不能被剥夺的，因为正是有这一点，孩子的成长才趋于茁壮和健康。

不要阻断孩子的零食

零食不健康，所以很多父母一直禁止孩子吃各种各样的零食。每当陪孩子逛超市时，但凡是孩子相中的零食，都被一句“不可以”驳回，这样其实让孩子的内心很受伤。只要不是三无产品，偶尔满足一下孩子，是可以的。况且大品牌的零食，安全指数都达标，只要食不过量，就不会有所危害。最最重要的是，在当下零食已经成为孩子快乐的源泉之一，与其阻止，不如教会孩子如何选择。

偶尔找身边智慧型的父母聊聊天

在家长圈子里，总有一些父母在教育孩子上有着独到又格外通透的见解，与这样的父母聊天，不仅舒服，还能解决很多育儿问题。所以，当你控制不住想帮孩子做些决策时，可以先找这类智慧型的父母聊一聊。因为有权威的人才有说服力，才能及时制止自己内心躁动不安的控制欲。

Chapter one

亲子间最大的矛盾是什么

父母再三强调的事，孩子总是记不住，父母就会认为造成这种局面的原因是孩子不听话。却不知道是因为父母简单粗暴的干涉，伤害到了孩子的尊严与自我意识。而造成父母不断干涉孩子的原因，是边界感的弱化。

场景回放

看到贝贝杂乱的卧室，妈妈就气不打一处来，说：

妈妈：起床叠被子，收拾书桌，跟你说多少遍了？

贝贝不高兴地说：

贝贝：我等会就收拾。

妈妈加大音量说：

妈妈：不行，你现在就给我去收拾！做什么都拖拖拉拉。

贝贝坐着没动，妈妈更加生气了。

案例分析

俄罗斯作家邦达列大曾说：“人类一切痛苦的根源，都源于缺乏边界感。权力边界、规则边界、关系边界，都是如此。”

《亲爱的安德烈》中有这样一幕：

龙应台的儿子安德烈和菲利普要来上海实习，龙应台本想着与孩子们共度一个愉快的假期，谁料菲利普却说：“我不要你牵着我的手去认识中国大陆——因为你什么都知道，什么都安排得好好的。我要自己去发现中国大陆。”

龙应台说：“难道，连一个周末都不肯跟我去玩？青岛？苏州？杭州？”

两个孩子却异口同声回道：“妈，你能不能理解：我们要自己出去，自己探索？”

那一刻，龙应台的内心有些失落，但转念一想，大概是因为自己管得太宽了。

夜里，龙应台打车到两个孩子的住处，她看到沙发上散落着凌乱的衣服和袜子，内心既有一种冲动，又在提醒自己：“不行，我不能帮他们整理房间。”

父母与孩子之间应当流淌着一条叫做“界限”的小河，河的这边是自己的事，河的那边是孩子的事。不要轻易跨越，因为跨越过去，就是对孩子成长的一种干扰。有家长会说，孩子是我身上掉下来的肉，我好心管他，怎么就是干扰了呢？

通常孩子在两三岁的时候，自主意识已经有所萌芽，例如吃饭想自己动手抓，走路不爱拉父母的手等等。做父母的就不能再像孩子婴儿时期那般对其大包大揽了。因为这时的孩子对除自己以外的人或物已经产生了边界感。若此时，父母依然对孩子过度呵护，处处干涉，无非是让孩子朝两个方向成长，其一，弱化自主意识，变得事事依赖父母；其二，不停反抗，叛逆心越发加重。

有边界的父母，总能够在适当的时候把空间和时间留给孩子，让他想要独自探索时没有压力和心理负担。也只有这样，才能让孩子更深刻的明白，吃饭、读书、学习是属于他自己的事情，理当自己完成。而且，在这种相处模式下的亲子关系也会更加融洽和谐。

写给父母的话

生命中最深厚的缘分，是在渐行渐远中趋于真实。

好的父母是当孩子需要时，我能及时出现在他身边，不被需要时又能适时退去。在他幼时，只要环境安全，孩子也有意挣脱父母的手，那就干脆松手，让他自由迈步和奔跑，别害怕跌倒或跌伤，每一次深刻的体验，都会让孩子对自身和这个世界多一分认知和感悟。这是属于他的成长，是父母不能给予的能力。

别随意碰触孩子的玩具

父母可以引导孩子如何收纳玩具，也可以教孩子怎么玩新买的玩具，但不可以随意拆除和推倒孩子已经摆好的玩具，即便是开个玩笑也不行。从玩具离开商店到被冠以“给你买的”那一刻起，在孩子的意识中，玩具就完全属于他个人，即便是父母要陪孩子一起玩，也要事先问一问孩子“我可以玩你的玩具吗？”只有经过孩子同意后，才能拿取他的东西。

别陪着孩子写作业

你可能担心孩子不够自律，或者遇到不会的题时不能及时帮助。但自律是靠自身培养的，强加干预往往起不到多大作用。

若孩子自律性差些，父母可以事先告诉孩子只有完成作业才可以做别的事情，然后起身离开。如果担心孩子有不会的题，可以先告诉孩子，把会的先做完，实在不会的才可以找父母帮忙。

与孩子保持边界，应是每位父母都该具备的能力，除了物理空间，还有精神空间。我们可以时刻关注，去默默成为孩子身后的一股力量，但不要肆意打扰。只有这样做，孩子才能真正地一步步走向自律与独立。

Chapter one

如何让孩子心中充满力量

放眼生活中，父母对孩子的苛责数落司空见惯，对孩子的睦视也习以为常，孩子看上去虽没什么变化，却将卑微暗藏心底。唯有肯定和赞赏，才能给予孩子力量，让孩子更好地成长。

场景回放

毛毛是班里的优秀生，成绩前三，年年被评市三好生。但是，他的妈妈很严厉，鲜少夸他，总是说：

妈妈：考了第三名，你还高兴？难道你不应该考第一吗？

毛毛委屈地说道：

毛毛：你从来都没有表扬过我。

妈妈：我还不知道你，一表扬你就该翘尾巴了。

案例分析

孩子永远无法透过父母眼中的失望去感受爱，更不会从中获得什么力量。相反，孩子的积极性和勇气以及自尊心，都会在父母失望的眼神中一点点消磨。

有父母常说“我也不想，但控制不住情绪，甚至有时候就因为孩子吃饭把汤汁弄到了衣服上，也会令我丧失理智。”一般会出现这种情况，孩子的年龄一定在十周岁以下，肢体协调能力还未完善。但是父母却总希望孩子能够像个成年人，保持干净利索的行为。也就是说，父母是对孩子抱有不符合年龄的期许，而孩子又达不到这样的期许，才会不满。

陶行知先生曾说：“我们对儿童有两种极端的心理，都对儿童有害：一是忽视；二是希望太切。忽视则任其像茅草一样自生自灭；期望太切不免揠苗助长，反而促其夭折。”

那年，李开复的大女儿李德宁正准备进入大学，作为父亲，他对女儿从来未严格要求过，只说让她在大学里快乐生活，可以多结交朋友。在给大女儿的信中，他写道：“你妈妈和我在成绩上对你没什么要求，只要你能顺利毕业并在这四年里学到了些东西，我们就会很高兴了。最重要的是你有在学习，你需要的唯一衡量是你的努力程度。成绩只不过是虚荣的人用以吹嘘和慵懒的人所恐惧的无聊数字而已，而你既不虚荣也不慵懒。”

后来，小女儿李德婷在选专业时，想选摄影。这个专业实属冷门，但李开复却并未失望，反而在脸书上公开支持女儿，他说：“在充满挑战的时代，更重要的是充实自己学习的能力，分析了解自己的选择，并追随自己的兴趣和专长。”

不要对刚抽出枝丫的小树抱有过高的期望，因为那会使你盲目地砍掉它许多茁壮的枝干，甚至觉得它身上的一个小斑点都会碍眼与挠心。但是，当你仅仅希望它健康成长时，每一次回首，都能发现它比上一次高了些，壮实了些，你的内心是喜悦的，小树的成长是扎实的。孩子亦如是。与其让过高的期望压得彼此喘不过气来，不如抛下杂念，在顺其自然这件事上做些力所能及的引导。

当孩子听到父母对他说：“虽然爸爸妈妈希望你成功，但你不必太紧张，只要你努力了，无论获得怎样的结果，爸爸妈妈都会为你感到骄傲。”此时，孩子的内心是充满力量的，也许他并不在乎结果，但依然会努力争取。因为父母的支持与信任，会使孩子自然而然生成内在的自驱力。

写给父母的话

孩子本身才是第一位的。

杨澜曾说：“我不觉得做神童有什么好，也不要求孩子哪方面必须要有特别突出的成就，但是我衷心希望我的孩子能做一个快乐的人，也能带给别人快乐。”

若要将优秀与孩子排个顺序，我们应该把孩子放在第一位，优秀是第二位。而且，决不能反过来。比起一个随时都会有变动又虚妄的结果，孩子的成长过程更重要。因为，好的过程，才会迎来更好的结果。

话慢慢说，让孩子有个理解的过程

孩子的智力尚未发育完全，而且表达能力有限，所以父母不要总是以大人的思维去要求孩子也能理解。当孩子因为得不到喜爱的零食或玩具而哭闹时，别着急吼骂或说教，先找个安静的地方，让孩子慢慢将情绪释放完，再引导孩子正确的消费观。在这点上，需要父母共同坚定立场，又要有耐心。不出几次，孩子就能明白有些行为是不可取的。

关键时刻，提醒自己“我的孩子只是个普通人”

无论孩子参加了什么比赛，还是遇到了考试，父母要先在心里给自己打个预防针，多默念几句“我的孩子只是个普通人”。如此，心里就不会对孩子产生不切实际的期许，面对结果时，也就更容易接受些。

Chapter one

信任才能让孩子更优秀

“放下”“不可以”“不能”等类似否定语背后所隐含的本意是说：“我不信任你”。当孩子得不到父母的认可和尊重，感受不到父母的爱，慢慢也就会对自己失去信心，变得消极自卑。

场景回放

阿彦五岁生日那天，爸爸妈妈带他去爬山。一路上阿彦都想挣脱爸爸的手，但爸爸说：

爸爸：阿彦乖，爸爸拉着你才安全。

阿彦想去很浅的溪水里摸石头。妈妈说：

妈妈：不行，衣服若湿了会着凉的。

阿彦想去抓叶子上的蜗牛，妈妈一把将他手拍开，说：

妈妈：它身上好多细菌，黏糊糊的很脏。

阿彦红着眼说：

我可以洗手啊。

阿彦

妈妈不耐烦地说：

妈妈

我说了不行就是不行！走，我们去那边看花儿。

阿彦终于忍不住大哭起来。

案例分析

当孩子听到父母严令禁止的言语时，翻涌在脑里的信息是“在爸爸妈妈眼中，我是个无能的孩子。”于是，大部分孩子会愤怒加反抗，心生怨气，也有一部分孩子忍气吞声，暗自意志消沉，只有极少数孩子会自我反思，但也不免失落。

过度地干涉和保护，只能培养出懦弱无主见的孩子。前苏联著名教育家瓦·阿·苏霍姆林斯基曾说：“假如对孩子只是一味禁止，就等于给他上了一副镣铐，使他变得畏缩、消极、失去进取心。父母的要求不该只放在禁止做这禁止做那上，而是提醒孩子去从事某些有益的活动上。”

曾经，有个身材娇小的女孩儿，她从 5 岁时就喜欢上了乒乓球，所有人都觉得她那比同龄人矮上几分的小身板太吃亏，未来不可期。可女孩儿的父亲却对她说：“你很优秀，真的。”后来，她进入国家队，共拿下 18 个世界冠军，她就是邓亚萍。

有人说，父母与子女之间理应是一种合作关系，而最理想的合作状态必须基于相互信任。父母对孩子的信任，既是爱抚，也是将种子带去更高更远的风。

那年，敬一丹 28 岁，考研再次失败。与正值青春的大学生比，她不再占优势，尤其两次考研失败，使她心灰意冷，有了放弃的念头。这时母亲告诉她，想改变的人，任何时候都不算晚。第二年，她就以优异的成绩考上了北京广播学院研究生。

中国青少年研究中心曾做过一项调查，在对父母的十大期望中，勾选排名第一位的是“信任我”。是哪种信任呢？就像《麦兜的故事》中麦太对麦兜说的：“全世界的人不爱你，我都只爱你；全世界的人不信你，我都只信你；我爱你爱到心肝里，我信你信到脚趾头里。”

放手也是爱，给孩子足够的自由，让他去探索，去尝试，然后引导他从自由走向自觉。

写给父母的话

不论孩子优秀与否，请相信他。

曾名列全球第四的《皮皮鲁总动员》的创作者郑渊洁说：“我一辈子对父母都非常感恩。”

少时的郑渊洁又淘气又调皮，常常因犯错被老师叫家长。总之，所有人都认为他将来一定没什么出息。再后来，学校打算开除他。可是当父亲看完他写的检讨后，言语肯定地说：“没事，小子，我回家自己教你。”就是这么一句在别人看来微乎其微的信任，改变了郑渊洁的一生。

从心理学角度说，父母发自内心地信任孩子，肯定孩子，就是在帮助孩子建立积极正面的自主意识。也许他不够优秀，但父母的信任就是能推动他，让他的各方面变得越来越好。因为来自父母的信任，胜过旁人千言万语的夸赞。

别担心屋子会搞乱，支持就对了

孩子在接触网络时，看到一些有趣的小实验，就忍不住想自己动手试一试。只要实验不存在风险，不如就让他大胆去尝试，或者与孩子一起参与其中。让孩子在体验实验乐趣的同时，既开阔思维，又能在父母那里获得自信与勇气。屋子乱了，可以收拾，但教育孩子的时机一旦丢失，就时不再来了。

让孩子自己上下学

当孩子有意想自己上下学的时候，不要阻止，爽快答应。如果不放心，可以告诉孩子一些交通常识，倘若还不放心，只要你能做到不被孩子发现，可以偷偷跟一两次。有时只有亲眼所见，才能相信孩子远比我们所忧心的更有执行力。你会看到，当孩子过马路的时候，不仅十分小心，还非常快乐。

比起外在的东西，父母能给予孩子最好的祝福，就是信任。信任，不仅是对孩子的鼓励，更是为人父母的智慧。

“爸爸妈妈，我可以去玩泥巴吗？我不会弄脏衣服的。”

“去吧！别担心衣服会脏，因为爸爸妈妈也不能确保泥巴不会溅到衣服上。当然，你能注意些的话，会更好。”

Chapter one

你会把孩子当情绪的垃圾桶吗?

父母的日常，即是孩子的一生。特别是敏感的孩子，父母的抱怨声，就成了他衡量一切事物的标准，他会讨厌父母讨厌的人或事，会因为父母糟糕的情绪变化惴惴不安。在父母的抱怨声中长大，孩子也会变得消极。

场景回放

周末，玲玲非要妈妈陪着一起做手工剪纸：

妈妈：陪着你做手工，我的腰都要断了。

刚起床的爸爸从卧室走出来，妈妈冷着脸。玲玲抱怨道：

玲玲：是你说要陪我的，一周陪过几次？周末就知道睡觉！

玲玲看了看爸爸，生怕妈妈和爸爸吵起来，又忙说：

玲玲：妈妈，我不做手工了。爸爸，等会我们一起滑滑梯吧？

妈妈看了看做了一半的手工，说：

妈妈：你这纸剪完了吗？别干啥都半途而废！

案例分析

父母抱怨多了，孩子自然也会不自觉地模仿。长此以往，潜移默化地就学会了遇到问题躲躲闪闪，把什么责任都推给别人，而不是从自身寻找问题。

有人说：“能够影响我们的从来不是别人，而是我们自己。”有些父母之所以爱抱怨，除了外在因素影响，最主要的是自身缺乏安全感。

李开复说：“每个人每天大约会产生5万个想法。如果拥有积极的态度，那么就能乐观地、富有创造力地把这5万个想法转换成正面的能源和动力；如果态度是消极的，就会显得悲观、软弱、缺乏安全感，把这5万个想法变成负面的障碍和阻力。”

说起不幸，谁又有《幸福来敲门》里的黑人爸爸克里斯不幸呢？他工作不顺，婚姻破裂，穷困潦倒，似乎全世界的不幸都发生在他一人身上。可他从未怨天尤人或找人诉苦。在儿子面前，他总能以最温柔的言语去引导他，让他知道苦难只是一时考验，这个世界依然良善，不要轻易放弃梦想。

当克里斯失去房子，他没有把这个不幸的事实告诉儿子。当带着儿子到公厕过夜，父亲说躲进这个山洞是为了躲避恐龙。儿子虽小，却也知道他们家又一次发生了变故，虽然悲伤，虽然地面是冰冷的，但他仍然相信未来可期。

有一组数据很令人难以置信，就是在十个家庭中，会有十个家庭偶尔或时常处于抱怨状态中。也就是说，世人无法避免因为一些个人或外在因素而产生怨怼的情绪。唯一不同的是，有安全感的父母，看待问题更积极乐观些。而有安全感的父母，才能培养出有安全感且高情商的孩子。

比如，父母当着孩子的面不可避免地发生了矛盾，安全感不足的父母会不停暗示自己什么都控制不了，什么也改变不了，于是就不受控制地大吵大闹，把心里的积怨以最糟糕的形式呈现出来；有安全感的父母则会暗示自己没有解决不了的问题，无论好坏，太阳都会照常升起。当父母二人坐在一起开诚布公分析问题时，传达到孩子意识里的就是：凡事不要慌，总有解决之道。

写给父母的话

是人在过生活，而不是生活压着人。

麦尔顿说："凡是伟大的人物从来不承认生活是不可改造的。他会对于当时的环境不满意，不过他的不满意不但不会使他抱怨和不快乐，反而使他充满一股热忱想闯出一番事业来，而其所作所为使得出了结果。"

事事不如意，也只是暂时的。多去挖掘内心的善意，你会发现泥泞的道路只是大自然一种很普遍的现象，重点不是鞋子上沾染了多少泥巴，而是距离美丽的风景又近了一步。所以，别让那些琐碎的事情绊住脚步，好的生活是过出来的，与其站在原地抱怨，不如思考如何改变。请记住一句话，做生活的主人，朝你所设想的日子一点点努力。

屏蔽朋友圈里的梦幻

把朋友圈里那些卖弄梦幻生活的人屏蔽了吧！什么到处旅游，什么山珍海味，什么都市里的繁华与灯红酒绿里的逍遥，那些不过是滤镜下的人设，没有谁的生活真就无比灿烂。老话常说："眼不见，心不烦"，与其让那些过度渲染过的片段影响自己，使自己不安，不如干脆屏蔽，接纳真实的生活。

小问题当下解决清楚

很多不安，是日积月累下来的。所以，当我们在遇到一些小问题时，立刻解决掉，不论是夫妻矛盾，还是与孩子之间的矛盾。一家人坐下来，心平气和开个家庭会议，把该说的话说清楚，该解决的问题一次性解决清楚，没有积怨，就没有不安。

父母是原件，孩子就是复印件。父母善，孩子善；父母心宽，孩子能纳百川。父母想让孩子养成什么样的品格，首先自己就必须是什么样的品格。

第二章

父母有边界，孩子不拖拉

我国教育家陈鹤琴先生曾说过：“凡是孩子自己能做的事，让他自己去做。”因为你越是催促，孩子越是拖拖拉拉。保持边界感，让孩子自己的事自己安排，学会为自己负责，反而能激发他的积极性和上进心。

Chapter two

如何不催，反而让孩子更快

父母总是说，“我也不想催孩子，但是不催，他的事情就做不完啊！”过于频繁的催促，实际上并不会让孩子主动加快做事的速度，反而会让他更加拖拉。

场景回放

每天早上，妈妈匆忙地张罗早餐，喊妮妮起床，但妮妮看着却一点都不着急，干什么都慢吞吞的。妈妈急道：

妈妈：你快点穿衣服！

妮妮闭着眼睛，懒懒地说：

妮妮：知道了。

过了一会儿，妈妈过来一看，妮妮刚穿好上衣，裤子还没穿，就说：

妈妈：穿个衣服怎么这么慢？还没刷牙洗脸，真是急死我了。你能不能快点啊？

妮妮就像没听见，仍然慢吞吞的。

案例分析

父母总是觉得孩子做事太慢了，却没有想过，自己是在拿成年人的标准来要求孩子。父母习惯了社会的快节奏，以至于他们在家里也是保持着这种节奏，自然也想让孩子跟上自己的节奏。

然而经常催促孩子，会引发孩子的逆反心理。为了对抗父母的催促，他们会故意用被动拖沓的方式，展示对父母的愤怒。

孩子有自己的节奏。他们感觉最舒服的节奏就是顺应自身的生理节奏，如果逼迫孩子节奏放快，会影响孩子身体的激素分泌，对他们的身体和心理都会有伤害。

只有父母不急了，不催了，孩子才能把事情当成自己的，才愿意主动去做。

早上，妈妈眼睁睁看着蒙蒙磨磨蹭蹭地要迟到，但是她打算挑战自己一回，看看这次不催到底会怎么样。

虽然看着蒙蒙慢悠悠的动作，蒙蒙妈妈的内心无比焦急、不安、气愤，但是她不断安慰自己“迟到就迟到，迟到也没什么可怕的，该我做的我都已经做了，反正老师批评他，又不会批评我。”

这天，蒙蒙果然又迟到了。

第二天早上，妈妈依然忍着什么也不说，蒙蒙因为怕迟到，明显加快了吃饭的速度。快到学校的时候，有点堵车，为了赶时间，她干脆下车跑着去学校了。

其实孩子有时候就是这样，他也明白晚了就会迟到，他也不想迟到，可当你在不断焦急地催促他时，他反而不着急了，因为他的注意力被你转移了，因为此时“迟到”反而不是最重要的事情，你妄图“控制”他，他对“自由”的争取在他心里才是最重要的，于是，你越催，他越慢，因为他要“抗争”。

当父母不再怕孩子迟到而焦虑，不再催促孩子，淡定下来时，“迟到”就成了孩子此时心中最重要的一件事，他就会自己着急，自己学着承担，自己学着负责。

有些父母会担心，如果不去催孩子，他会不会把事情搞得一团糟？可能会，但不是一直都会！谁都讨厌麻烦和问题，因为拖延出了问题，孩子自己也会反思和想办法，然后根据自己的节奏去调整这些事情。

写给父母的话

不催，反而能让孩子快一点的方法。

蒙台梭利说，孩子具有一种内在敏感性，这种内在敏感性使孩子天然会吮吸，使孩子在饿了的时候哇哇大哭，在该学语言的时候学会说话，在特定的时期对某种东西格外感兴趣而对其他东西漠不关心。

如果外界环境阻碍了孩子的这种内在的敏感性，那孩子的心理就会失调，这种失调会伴随孩子的一生。“慢”就是一种内在敏感性被打乱以后失调的表现。作为父母，一定不能急，要让自己先慢下来，然后去引导孩子快一点。

用闹钟或沙漏来提醒孩子

小孩子是没有时间观念的，他不知道 5 分钟有多长，也不知道珍惜时间的好处。父母可以利用闹钟或者沙漏来培养孩子时间观念。可先教孩子看闹钟，告知孩子，闹钟长的指针从 12 到 3 之间是 15 分钟，她要在这段时间内完成作业。或者买一个很漂亮的 3 分钟沙漏，就放在洗漱的台面上，告诉孩子沙全部漏下去就是 3 分钟，在这个时间内刷完牙。

着急时，替换家长陪伴孩子

当在陪伴孩子写作业的时候，你忍不住想要催孩子，或不能接纳孩子的某些状态和习惯。比如有的孩子在做作业的时候累了，他就要反复去喝水，反复上卫生间；有的孩子习惯咬铅笔头；甚至有的低年级孩子还会不断地将橡皮推到地上捡起来再推到地上。类似这样的拖拉行为，当你不能接纳的时候，就会生气、着急。这个时候你的方法是，和你的爱人协商好，当你有情绪的时候，让另一方过来替换，互相协助，陪伴孩子写作业。

我们不妨试着将自己的节奏放慢一下，等等孩子，你会发现孩子并不会因为此时的磨蹭而成长为不负责任又拖拉的人。

Chapter two

守时的孩子是这样养成的

孩子写作业拖拖拉拉，相信大部分父母都深有体会，并且也都习惯用催促、唠叨来迫使孩子改变，但收效甚微。孩子的拖延并非是天生，而是缺乏时间观念。父母不妨从培养孩子的时间观念入手，来帮孩子摆脱拖延。

场景回放

童童从放学回来，就在房间里写作业。九点了，妈妈来检查，发现他才写了一点，就生气地说：

妈妈：我的小祖宗，这都一个小时了，怎么才写了十几个字啊？你是真能磨蹭！

童童满不在乎地说：

童童：我很快就能写完。

妈妈：很快是多快？这都九点了，该睡觉了。

案例分析

拖延症最常见的表现之一是孩子无法在规定的时间内完成作业，甚至连一半的量都无法完成。结果父母急得血脉喷张，孩子依然慢慢慢。人们常以为孩子拖拉的原因是贪玩或不自律，可自律是什么？父母便是说破天，孩子也难以理解。因为很多孩子都缺乏形成自律的一个必要因素——时间观念。

无论大人小孩，没有时间观念，就注定拖沓。所以，纠正或避免孩子拖延的最好办法就是尽早对其渗透和加强时间观念。但需要注意的是，建立时间观念对于成年人来讲都是一个比较难把握的课题，对孩子就需要有极大的耐心了，凡事不能操之过急。

琦琦写作业不仅慢且马虎，爸爸建议给孩子制订时间表，可妈妈说孩子不是机器，不可能遵守。但爸爸坚持给孩子制订时间表。

当日琦琦的作业有一篇看图写话，几道数学题。爸爸就按照孩子的作业量和难度给孩子制订了时间表：

7:00—7:30	7:30—8:00	8:00—8:30	8:30—9:00
看图写话 工整，言语流畅	玩30分钟手机 未达标，玩10分钟	数学题 工整，八成正确率	玩30分钟手机 未达标，玩10分钟

爸爸将时间表贴在显眼处，并让小爱同学设置好所有闹钟，随后离开房间。七点半时，琦琦把看图写话拿给父母看，玩了半小时手机后，琦琦又在八点半前把数学题做完了。

鲁迅说：“时间，每天得到的都是24小时，可是一天的时间给勤劳的人带来智慧与力量，给懒散的人只能留下一片悔恨。”放在家庭教育中，越早帮孩子建立时间观念，孩子就能越早养成良好习惯，不受旁人影响，不用父母督促，就能把自己的事情规划得井井有条，急自己所急，亦分得清轻重缓急，便不易滋生拖沓的毛病。

只是，帮孩子建立时间观念时，方法很重要。有一部分家长喜欢用立规矩的方式，让孩子必须在规定时间内做完事情，这样的方法太过急功近利，反而激发孩子的逆反心理。因为父母态度强硬，孩子侧重的就只是父母的态度了。聪明的父母都知道，让孩子心甘情愿地接受教育所产生的内动力，才是最真实有力量的。

写给父母的话

父母尊时守时，孩子才会尊时守时。

父母在孩子面前自由懒散，经常推脱事情，“过一会儿”“等会儿”“不着急”等等，孩子耳濡目染，也便把“等一会儿”当做了拖延的口头禅。经常熬夜刷手机的父母，培养不出早睡早起的孩子；明日复明日的父母，也无法让孩子养成“今日事，今日毕”的好习惯。如果想让孩子形成良好的时间观念，父母就必须成为拥有良好时间观念的父母。无论有多难，都必须成为孩子的表率。

对于无可避免的事情，比如爸爸正在处理一些事情，妈妈当着孩子的面叫爸爸晾晒衣服，爸爸可说:“再给我十分钟时间。”让准确的时间替换掉“等一会儿”这种模糊时间概念的词，并让一旁的孩子定好闹钟。当闹钟响起时，爸爸立刻起身。对于孩子的影响就是：做人做事，必须守信守时。

送给孩子一个沙漏

每个孩子都该有一个沙漏。因为沙漏对于孩子来说，既是玩具，又是一个可以认识和理解时间的计时器。把时钟和沙漏放在一起，让孩子感受沙子的流失就是时间在流逝，每一次沙子漏完所用的时间，就是流逝的时间。今后，孩子做一些事情时，完全可以用沙漏来计时，不仅有趣，还可以不断强化孩子对时间的感知。

常与孩子玩时间小游戏

父母再忙，也要抽出时间陪孩子玩一些时间小游戏。尤其是幼儿，想让孩子懂得时间，玩游戏是最直接有效的方法。比如，陪孩子玩搭积木时，对孩子说："宝贝，咱们定时一分钟，看谁搭的积木最高。"这种方式不仅加强了亲子关系，还能让孩子切身体验时间长短。

随着孩子年龄增长，游戏由简单到复杂，由一分钟到十分钟再到半小时，时间就这样潜移默化地渗透到了孩子的脑海中。让孩子渐渐懂得，不管做什么都要把握好时间。

Chapter two

性子慢的孩子如何引导

如果孩子天生就是慢性子，那父母千万不要急于否定和打击孩子。多一点耐心和鼓励，顺应孩子的节奏，不急不躁才能培养孩子从容的性格。

场景回放

在一场以班级为单位的少儿足球赛上，佳佳担任他们班队的守门员，可每次都是球已经射进门框时他才抬手阻拦，结果一个球也没拦住，最终输掉了比赛。

这让看台上的爸爸觉得很丢脸，他把佳佳拉到无人的地方一顿数落：

爸爸：你到底在干吗？平时做事慢也就算了，这么关键的时刻就不能争口气吗？

孩子委屈道：

佳佳：我又不是故意的。

爸爸不满地回道：

爸爸：我知道你不是故意的，可是，你也不能每次都等球进框了才开始拦吧？

案例分析

如果孩子不管做什么都慢，即便对自己感兴趣的事，依然慢。这就说明孩子不是因为后天因素造成的拖沓或懒散，而是先天慢性子。

慢性子的孩子内心是非常敏感的，他也想走路快些，反应敏捷，能在短时间内写完作业，但受先天性因素影响，属实做不到。所以，面对父母的斥责或说教时，孩子会委屈地抹眼泪。倘若你的孩子与同龄人相比总是慢些，请不要着急，更不要拔苗助长。面对慢性子的孩子，最好的教育方式是给足孩子慢慢成长的时间、空间、耐心和鼓励。

上小学时，别人一小时才能完成的作业，晓月要用三小时，不过她写作业很认真、工整。但妈妈从来不跟晓月急眼，总是静静地陪着，遇到不懂的地方也会耐心给孩子讲解。

初中时，晓月成绩中等偏上，她担心考不上重点高中，妈妈说："你虽然是慢智型的孩子，但你做什么事都有条不紊，一丝不苟，也很有想法。也许你不够突出，但妈妈相信你能走得很远，你的优势也会越来越明显。"

后来，晓月考上了市重点高中。再后来，她又顺利考上了自己心仪的大学。

慢性子的孩子不是笨孩子，也不是贪玩多动，只是慢热而已。除了四肢行动较慢，言语表达迟缓，他们在思考和动脑方面并不比其他孩子差。而且，慢性子的孩子，虽然反应慢，但只要稍加培养，会较常人更容易形成优秀的品格，比如：性格沉稳，遇事不急不躁，思路清晰，做事既专注又有长远性等等，这些可是寻常人需靠后天的大把努力才能拥有的精英品质。

倘若你身边有个慢性子孩子，那当真是捡到宝了。对待这样的宝藏孩子，万万不可打骂，更不能用失去理性的言语挫伤他的自尊心。多些耐心，适当鼓励，常常引导，让孩子的慢跟随他的节奏，追随他的本性，告诉他："不需要怀疑你自己，你很好。"待日后，孩子一定会感谢父母的信任与包容。

写给父母的话

把眼睛从慢性子孩子身上挪开。

倘若是性子急的父母，就不要时常把注意力放在孩子身上，因为天性使然，孩子的慢会刺激到父母的急，父母会很容易控制不住情绪，对孩子吼叫或催促。父母不如，在还能控制得住情绪的时候走开，避免长时间接触。把自由的时间和空间让给孩子，他才能在相对轻松的环境中按照自己的节奏前进。

有些父母会说："我不去看一眼不放心。"但往往就是这推门而入的瞬间，给孩子造成了心理压力。因为慢性子的孩子最能捕捉父母的情绪，也最害怕父母看到他只完成一半的事情时失落的表情。把完全的信任留给孩子不是一件易事，但足够的信任是给孩子最大的鼓励。

偶尔取消一些临时活动

倘若因为孩子行动迟缓，而耽误了外出的时间，那就干脆取消活动。因为包容孩子的慢性子，并不是一味纵容。适当让孩子承担慢而造成的后果，他才能有意识地去改善自己的行为，虽然改善过程也是缓慢的，但能让孩子对慢性子有所改变，也是有好处的。

只是，不要用过激的语言去刺激孩子，可以说："比预计外出的时间晚太多，加上路上需要消耗的时间，到了就得往回返，得不偿失，改天再去吧！"不需刻意点明，孩子自然明了。

多陪孩子跑步

再忙，也要陪孩子锻炼身体。晨跑虽是一项再简单不过的运动，但如果能让慢性子的孩子坚持晨跑，对开发和锻炼手脑协调是非常有帮助的。

Chapter two

如何带孩子走出完美误区

当孩子事事追求完美，很容易被父母认为孩子是对自己有要求，进而心生欢喜。父母的这种态度只会助长孩子的完美主义，让孩子变得更焦虑。

场景回放

彭彭正在用积木垒城堡，一旁的小孩随手拿起一块积木就往上边落，彭彭气急吼道：

彭彭：谁让你碰的？你把我的城堡弄坏了。

妈妈赶紧跑过来说：

妈妈：彭彭，城堡没坏，把那块积木拿掉就好了。

可彭彭哭着说：

彭彭：我要原来的城堡，这个是坏的。

妈妈劝了半天，彭彭还是不依不饶，妈妈说：

妈妈：别哭了！再哭，我把积木都扔垃圾桶。

案例分析

从某个时刻起，孩子特爱追求完整的东西，比如饮料要整瓶的，别人喝一口就开始哭闹不止；手里的饼干被别人掰下一块儿，会生气地扔掉另一半；字写不好，就一遍遍擦一遍遍写……总之，有一点令孩子不满意的地方，就会闹出各种小状况。

当孩子自主意识觉醒时，随之觉醒的还有内心的完美主义倾向。然而大部分父母在教育孩子的时候，总容易忽略对孩子的引导。于是，一些小意外或小因素经常刺激或破坏孩子对尽善尽美的追求，从而滋生焦虑和压力。过度的焦虑和压力又会让孩子变得非常敏感，对越是无法做到完美的事，就越想做到完美。

心理学家莫妮卡·拉米雷斯·巴斯科就曾表示："想要达到完美会是充满痛苦的，因为它通常是受到两方面需要的驱动：一方面是做得非常好的渴望，一方面是害怕做不好的恐惧。"

有时父母会感受到孩子对完美主义的渴求，却总是笼统地对孩子说："不要太较真，也不要太纠结对错，有些事做不到也没关系，开心最重要。"这些话确实说了，但又貌似什么都没说，因为孩子听不懂，也无法理解。只要孩子内心的焦虑和压力没有减少，就永远无法释怀。

著名作家周国平的女儿啾啾从上小学时起，就非常在乎自己的成绩。有一次因为老师误判，多扣了2分，啾啾只考了88分，这让她非常难过，可又不愿找老师说清楚。周国平知道后，就对女儿说："你答对了，老师判了错，说明你是懂的。只要你是懂的，少两分有什么关系？"

后来又一次，啾啾回到家中，怯怯懦懦地对爸爸说："这次我没有进前三名，您怎么惩罚我啊？"周国平略带笑意地说："我罚你这星期多看一本童话书。"女儿瞬间被爸爸的这句话逗笑。

"你能找出一个跟你长相一模一样的人吗？既然不能，你就是独一无二的，所以不需要跟别人比这比那。"

"90分，真不错，只浮动了3分，这说明你平时很努力，才能做到维持不变。"

聪明的父母知道，带孩子走出完美误区，一定离不开积极又带有鼓励性的言语。孩子内心的焦虑和压力多半是因为得不到理解和认可才越来越严重。那么父母首先就要接受孩子的完美主义人格，在情感上与孩子产生共鸣，才有能力让孩子去接受真实的自己。

写给父母的话

好与坏并存，才是这个世界的真实面貌。

当我们还在为孩子努力营造一个美好又充满希望的世界时，丹麦的父母却在告诉孩子理想与现实有时会是两条平行线。丹麦的绝大多数父母认为不完美的人生才能成就好的人生，于是会向给孩子展示一些不完美，让孩子懂得不完美才是常态。

比如，在给孩子讲故事这件事情上，丹麦父母更喜欢给孩子讲一些悲伤的童话故事，而大部分中国父母则更喜欢给孩子讲一些有成就的，非常完美的故事，如安徒生的美人鱼。中国父母喜欢给孩子讲，小美人鱼为了与王子在一起，虽然永不能返回大海，还要忍受双脚落地带来的痛苦和变成哑巴，但最终也实现了愿望。可丹麦父母却告诉孩子，小美人鱼尽管付出了一切，结果却是眼睁睁看着王子与别人结婚，自己则化作海中泡沫。

给孩子一个真实的认知，这才是负责任的行为。当孩子有更丰富的认知时，父母应该告诉他："追求完美本身没有错，但我们努力是为了让明天的自己超越今天的自己。"

时常拥抱孩子

孩子没有良好的表达能力时，若有外因触碰到孩子的完美敏感期导致焦虑哭闹，父母只需要把孩子温柔地抱在怀里，什么也不需要说，安静地让孩子把情绪释放完。父母的怀抱会给予孩子足够大的安全感，理解和认可。

Chapter two

孩子没主见怎么办

孩子最大的特点是，见什么都想要。此时，父母不能什么都给，也不能什么都不给。正确的做法是，给孩子适当的选项，既避免了孩子太贪婪，也锻炼了孩子的选择能力。

场景回放

逛超市时，妈妈担心乐乐什么都想要，便提前和乐乐约定：

妈妈：你只能选择一样东西。

乐乐痛快点头，可半小时过去了，他依然两手空空。过了一会儿，乐乐向妈妈求助：

乐乐：妈妈你说，我买什么好呀？

妈妈有些不耐烦道：

妈妈：你不是爱吃番茄味薯片吗？赶紧买，我们得走了！

乐乐想了想说：

还是不要了，我再看看。

乐乐

这时，妈妈彻底失去耐心，转身一脸怒气地往外走，吓得乐乐哭哭啼啼地在后面追。

案例分析

孩子出现选择困难时，父母习惯性以为是孩子想要的太多，实际上是“毛驴效应”在作怪。据说古时的法国，一个叫布里丹的哲学家养了一头小毛驴，他每天只给小毛驴准备一种草料。这个习惯持续了很久，可突然有一天，他在小毛驴面前放了两种草料，面对这突然而至的变量，小毛驴反而不知该吃哪种好，就这样反反复复犹犹豫豫，最终饿死了。这个故事反映的心理现象被称为“布里丹毛驴效应”，也就是选择困难症。

为什么当下越来越多的孩子存在选择困难症呢？心理学家巴里·施瓦茨曾邀请两组孩子完成一项实验。他要求在规定时间内，在额定好的画笔数量中选取一支完成作画。第一组孩子三选一，第二组孩子二十四选一。结果，第一组孩子的作品完成度远比第二组孩子的高。随后，进行下一项测试，孩子可以带走选好的画笔，也可以用它换一件礼物。结果，第二组孩子比第一组孩子更愿意用手中的画笔换取礼物。

这个实验告诉我们，选项越多越容易分散孩子的注意力，结果难以取舍，犹豫不定，最终所选不一定是心中所愿，幸福感大打折扣，也容易半路放弃。而选项越少，范围越小，孩子就有足够的时间和空间思考利弊，做出令自己满意的选择，自然心志能更坚定些。所以，在孩子成长过程中，父母需要让孩子学会用减少选项的方式，更高效地做选择和定目标。

妈妈每周都会带小雨去逛商场或超市，这次他们准备去买鞋子。临出发前，妈妈和小雨一起做了购买意向单。

妈妈问："鞋子你要运动款，还是板鞋款？"

小雨想了想，说："运动鞋。"

妈妈又问："是要纯白色的，黑白色，还是彩色的？"

小雨说："我喜欢黑白相间的。"

妈妈让小雨把她自己想要的鞋子特征记录下来，随后前往商场。结果不出半小时，小雨就买到了心仪的鞋子。

哲学家培根说："善于选择要点就意味着节约时间，而不得要领地瞎忙，就等于乱放空炮。"

孩子从一岁起，选择智能慢慢彰显，有些父母就喜欢给孩子购买特别多的玩具。殊不知玩具过多，反不利于孩子智力发育。心理学家认为，每次在孩子面前放五个玩具最佳，少一个容易自卑，多一个容易扰乱心神。五个玩具刚刚好，孩子玩得认真，研究仔细，亦能激发出个人的想象力和创造力，使玩具发挥出最大利用价值。

写给父母的话

与其改变孩子的想法，不如在错误的选择中共同感受乐趣。

第五季的《爸爸去哪儿》开始时，村长让孩子看图画选房子。陈小春的儿子 Jasper 选了一个环境非常差的房子，对此陈小春没有发表任何意见。

当 Jasper 看到残破不堪的茅草屋时，脸上笑容全无："这房子好小啊！"

陈小春说："这是你自己选的啊。"

Jasper 不开心，问："爸爸，你也不想住这样的屋子吧？"

陈小春说："不会啊。"

Jasper 说："可是，屋顶会漏雨啊。"

陈小春说："没有关系啊，漏雨我们有水喝。"

Jasper 瞬间高兴起来："好棒啊，我们有水喝，爸爸，这是我们的秘密，不要告诉别人哦。"

好的教育方式是，孩子即便做了错误的选择，别急着去改变孩子的想法，先要尊重和支持。当孩子发现问题而心情低落时，再告诉他，没有一个选择能百分百正确，即便是错误的选择，也能让我们体会到不一样的乐趣。

衣服鞋子够穿即可

孩子的衣服鞋子不是越多越好，所以每次逛街的时候，不要总想着给孩子再添置几套衣服。因为衣服和鞋子的花样种类太多，只会让孩子挠头不知该穿什么，也不易形成自己的风格。孩子的衣服干净整洁，足够换洗就可以了。

房间陈设简单

无论厨房、客厅、卧室，还是孩子的儿童房，陈设越简单越好。不要把没用的和生活中的沉余杂物都摆放在明面上。要知道，乱而生烦，简而有序。

孩子有选择困难，并不是多么可怕或不可原谅的事情，父母必须忍住催促，否则只会让孩子难上加难，更加矛盾。父母多点耐心，孩子就少点焦虑，孩子对未来的各种定向都藏在父母睿智的教育中。

Chapter two

孩子遇到困难就退缩怎么办

一旦发现孩子出现畏难情绪，父母不是打击，就是笼统地说：“别着急，慢慢来。”但这都不能改变孩子的畏难式拖延。父母不妨帮助孩子拆解目标，让大任务变成小任务，再鼓励孩子去尝试。

场景回放

妍妍喜欢跳舞，妈妈就给她报了舞蹈班。在班里，妍妍的学习状态一直很不错，可自从舞蹈老师说要给孩子们提升动作难度后，妍妍越来越不积极，有时候为了拖延去上课，不是说腿疼，就是跑厕所。去了之后，只做简单的动作，难一些的就抗拒，闹情绪。妈妈发现后，便问妍妍：

妈妈：我发现你越来越不喜欢上舞蹈课了。

妍妍点点头，说：

妍妍：舞蹈课越来越难了，好多新动作，我都练不好。

妈妈耐心地说：

妈妈：练不好可以问老师、找窍门呀。

妍妍一副郁闷的表情，噘起小嘴嘟囔着说：

妈妈，我可不可以不学跳舞了……

妍妍

案例分析

随着孩子慢慢长大，遇到的问题越来越多，要解决的难题也越来越大，比如，学习一个新的技能，换一所新的学校，参加一次竞赛，多了几门新课程等等。当孩子在毫无准备的情况下面对这些突如其来的难题时，难免生出畏难情绪，不敢向前。

什么是畏难情绪？就是在面对困难时，觉得害怕，想要逃避，甚至找各种理由拖延，是一种极负面的情绪。其实，大人也好，孩子也罢，都免不得出现畏难情绪，喜欢待在舒适区中，恐惧陌生的或有难度的领域。作为父母，自然希望孩子勇敢、自信，有直面困难的意志，也有解决难题的能力。

有的父母会跟孩子说“不着急，慢慢适应，一切都会好的。”这看上去似乎是最好的解决方式，但治标不治本。越接近困难，孩子的畏难情绪只会越严重。比如，当孩子要进入一个新的环境前，他就觉得难以接受，会一直在心里祈祷这一天晚点来，甚至想跟父母说放弃。其实这“难”不仅仅是对进入新环境的不适应，更“难”在克服接受新事物的畏难心理。

时间紧，任务重，既然无法让孩子直接克服难题，就让孩子像切蛋糕一样，把难题切成无数个小块，然后逐一消化。相比起翻越头顶的大山，孩子更愿意跳过眼下的台阶。

一个刚学绘画的小孩，没几天就要求她画一幅完整的作品，可以想见，接下来会发生什么事情。所以，要教会孩子分解任务，而且是短时间内就能见效的小目标，比如先问孩子：“你想画个什么？妈妈可以和你一起想。”当孩子想好画什么后，继续把任务分解成一些小步骤，让孩子跟着父母的问题一边思考一边完成那些小目标，直至完成整个任务。就这样多练习几次，潜移默化中孩子既学会了做计划又学会了分解任务。

美国负责学校领导力培训项目的资深指导者吉姆·唯坦说："从小目标进展到大目标，对孩子来说很有效。每完成一个小目标，就能给这个孩子增加难以置信的能量。"

需要注意的是，拆解出来的小目标必须是孩子不需要费多大力气就能完成的，让孩子多体验成功，自信心建立的也会更快些。畏难情绪的产生本就归根于任务难，孩子无从下手才会畏难或放弃，所以小目标的设定必须是孩子跳一跳够得着的。

写给父母的话

父母好的态度远胜过一句"我帮你"。

心理医生爱德华·科伊尔博士说："如果孩子因为不够努力，你就开始生气或者唠叨，这说明你把这份计划当成自己的事情了。"作为父母，可以帮孩子设定小目标，制定计划，但也要和孩子保持一定的心理距离，不要过度干涉孩子。尤其当孩子有一些小失败或小错误的时候，不要急着批评孩子，更不要给孩子贴上"无能"或"胆小鬼"的标签，否则孩子的自我价值感会大打折扣。

睿智的父母常说一句魔法之言："相信你可以想到一个更好的方法。"这句话是在告诉孩子，不要畏惧失败，一种方法不行就换一种方法，把孩子的焦点从情绪上拉回到对解决问题本身上。

闯关游戏，一玩到底

父母可以陪孩子多玩些益智闯关小游戏。每个游戏一开始的关卡都很简单，胜利的喜悦会让孩子变得越来越自信。越往下游戏难度越大，父母便可引导孩子开始透过之前闯关的逻辑，思考接下来的应对之法，从而搭建一系列的闯关计划。一定要和孩子坚持闯完最后一关，因为对游戏的态度，往往会折射出现实中孩子遭遇困难时的态度。

和孩子一起观看正能量影片

选一些正能量满满的电影，比如《当幸福来敲门》《隐形的翅膀》《荒岛余生》《听见天堂》等等。或在家中或去影城，父母陪孩子一起见证剧中主人公是如何一步一步战胜困难，最终获得成功的。要知道，与一部好剧中的主人公产生情感共鸣，本身就在帮助孩子强化意识，提高认知。

父母不要帮孩子应对困难，而是教会孩子自己去解决难题。当孩子一次又一次通过自己的努力取得进步，便能成功摆脱畏难情绪的纠缠。

第三章

父母有边界，孩子才自觉

幼儿期的孩子是以具体形象思维为主，主要通过直接接触、直接活动来学习的，对他们讲道理无异于“对牛弹琴”。稍微大点的孩子，虽然能听懂道理，但他们也最烦讲道理。有边界感的父母不爱给孩子讲道理，他们更善于用体验去唤醒孩子的自觉性。

Chapter three

讲道理，才是没道理的

没有边界的父母最擅长的就是给孩子讲道理，但是孩子最不愿意听的也是道理。有调查显示，父母苦口婆心地讲道理，孩子能听进去的不到7%。与其费心费力讲一堆没用的道理，不如和孩子好好共情。

场景回放

每天，小磊的水杯是怎么带去学校的就怎么拿回家，妈妈担心孩子缺水，就常常对孩子讲不喝水的坏处，可小磊依然不爱喝水。妈妈说得越多，他就表现得越不耐烦。

妈妈：小磊，不喝水就容易生病，生了病就要吃药、打针……

小磊不耐烦地说：

小磊：妈妈，你别再说了，我知道了，烦死了。

无奈之下，妈妈只好趁小磊在家里时，每隔半小时提醒他喝一次水。

妈妈：该喝水了，你的身体需要补充水分。

小磊扭头跑开，说：

我不渴，我不想喝。

小磊

案例分析

当父母想让孩子去做一件事，或者不允许孩子做一件事时，常习惯性的先给孩子说说为什么，把里面的好处、坏处竹筒倒豆子般讲清楚。本以为这样动之以情，晓之以理，孩子可以牢记于心，结果小家伙压根没听进去，依然我行我素。父母只能扶额苦叹：“究竟要让我说多少次，你才能记住啊！”其实无论你说多少次，孩子都记不住。

在一个充满生命力，活泼好动，又情感丰富且敏感的孩子面前，用沉闷理性的方式不断在孩子耳边叨叨，对孩子来说可是非常无趣的体验。所以，小到刚会说话的幼儿，大到已然成年的孩子，面对喋喋不休的父母时，心里只有一个想法：如何逃离。

让·雅克·卢梭说：“跟孩子讲道理，是最无效的教育。”父母本以为让孩子知晓各种道理，将来才不会行差踏错。可道理对孩子而言，有时更像一种评判。

比如，父母对孩子说：“我们没日没夜地挣钱就是为了供你读书，上好学校，将来有个好前程，可你现在说不想读了，先别说对不起我们，你对得起你自己这些年的付出吗？”

话虽未错，可在孩子听来却是：“你是个不孝子，是个扶不起的阿斗。”就这样，父母的良苦用心，反成了对孩子的否定、不欣赏和不认可。结果弄巧成拙，孩子不仅厌学，还与父母之间产生隔阂。

有些父母说：“平时没事时，给他说说道理，他为什么也听不进去呢？”无事时说的道理，多半是孩子没有经历过的事情，若无经历，就无感受。父母说得再多，最多是感动自己，但触动不了孩子。

心理学家皮亚杰说，孩子只会用自己的所见、所闻、所感去看世界。只有与孩子有关的，和发生在孩子身上的一切是可以促使他思考的。也正是这个原因，父母说再多，孩子能听进去并理解的不过凤毛麟角罢了。

写给父母的话

与其先说，不如先共情。

想稳住孩子的情绪，并让孩子与父母达成共识，最有效的办法就是“共情”。何为共情？就是孩子的快乐你懂，孩子的难过你也懂，并能及时做出反应：理解他，及时宽慰他，积极引导他。

比如，当孩子说：“爸爸，我好累，我跑不动了。”

大多数爸爸会说：“别说话，保持体力，就快到终点了，加油！”

懂得共情的爸爸却是这样说：“是的，爸爸看到了，你的呼吸越来越急促，看来快到你的极限了。你一定累坏了吧？”

孩子回答：“嗯嗯！特别累。”

爸爸接着说：“爸爸现在也有些呼吸困难，咱们先试着放慢速度。你看，距离下一个目标还有一百米，你有没有勇气突破下自己的极限呢？如果可以，爸爸想和你一起见证这个伟大的时刻。”

“好的，爸爸，拼了！”

这就是共情的力量。当孩子知道你理解他的难处，理解他因何不开心时，孩子就会为你打开一扇窗，愿意接受你临时的光顾。而你触动心弦的安慰，又会让孩子为你打开一扇门，聆听你的建议。所以，想让孩子听，就得先学会与孩子共情。

绘本里的故事更能触动孩子

如果孩子不喜欢刷牙，就给他看《没牙的老虎》；如果孩子总是乱发脾气，就陪他一起读《生气的亚瑟》；如果孩子不喜欢去学校，就看米尼狼的《老师可怕不可怕》……绘本里构造的人物形象和故事情节，是孩子非常喜欢的，自然容易在孩子心里形成印象。

孩子不知危险，就让他伸手碰一碰

妈妈对孩子说:“不要碰开水，会受伤。”可孩子根本不理解那是一种什么感觉，自然就不知道躲避。不如拿一杯刚好会让孩子觉得有点烫痛，但不会对孩子造成伤害的水，让孩子轻轻碰一下，有所感受，自然就明白“烫”很危险，以后遇到有高温的东西时，知道躲避。

先忍住不去讲道理，对父母来说也许不是一件易事，但如果这样做能唤醒孩子本身的自觉性，又何乐而不为呢?

Chapter three

孩子厌学怎么办

孩子出现厌学情绪，大部分父母教育孩子的顺序无非一劝、二骂、三打。效果是有的，只是坚持不了几天，就又恢复原样，学校混完回家混，完全一副破罐子破摔的样子。怎么办呢？带孩子去体验体验不上学的生活吧。

场景回放

疫情期间，妈妈发现小豪的学习劲头越来越差，有时不能按时上交作业，有时趴在直播前睡大觉，整天一副吊儿郎当的样子。

妈妈实在看不下去了，就对小豪说：

妈妈：如果你想以后能过上更好的生活，就必须好好读书，考一个好大学，有一个好学历。像你现在这个样子，以后肯定会后悔的。

小豪则毫不在乎地说：

小豪：读书太累了，你和爸爸都没上大学，不也挺好的嘛。我也想早早去赚钱，挣了钱就能买自己喜欢的东西。

看着孩子一副油盐不进的样子，妈妈存了一肚子的话反而不知该怎么说了。

案例分析

孩子有厌学情绪，家长无可奈何，主要是因为很少有父母思考孩子“厌学”背后的真正原因。能想到的是学习压力过大、孩子贪玩，或者受了某些不良蛊惑，可这些仅仅只是表象。

李玫瑾教授曾说：孩子不想学习，是因为不知道自己读书的原因，无法明确认识到学习的重要性。而这些东西靠嘴巴说是永远说不明白的。就像我们告诉孩子，大海波澜壮阔、一望无际，孩子若只靠听，只靠图片或影视，根本不知道何为真正的波澜壮阔、一望无际。

于是，有父母对孩子说：“你不好好学习，干脆别上学了，也没人敢要未成年做工，你去捡垃圾养活自己。”一通话说完，见孩子有所收敛，便没下文了。可结果，孩子只老实了一天。

为何光说不练？有的父母担心，若真让孩子去捡几天垃圾，又耽误孩子的学习，自己又得放下工作陪着，还要拉下脸面来，多有为难。

鲁迅先生言：“一碗酸辣汤，耳闻口讲的，总不如亲身呷一口的明白。”

在一段短视频中，妈妈带着孩子到处翻垃圾桶捡瓶子，孩子在后面哭着说：“妈妈，我不想捡了，我好累呀，天好热，别人都笑话我。我要回家，我好好学习，不淘气了。”

妈妈却认真说：“捡瓶子不丢人，这叫资源回收，也是一份职业。你不想学习，正好可以早早挣钱养活自己。况且这才第三天而已，如果你不好好读书，你将来就要干一辈子这种职业，你现在正好找找经验。”后来据那位宝妈说，她们捡瓶子捡了一周，卖了四十块钱。这对她的女儿触动很大。妈妈没有给她总结什么经验，但孩子却变得越来越爱学习，仅用三天就把落下的课补上了。

与孩子能有一个更广阔的未来相比，区区浪费的那几日便算不上什么，哪怕用半年的时间让孩子懂得读书的重要性，也是值得的。因为，当下的一切都可补，而未来之后没得补。无疑，比起十年后让孩子后悔几十年，不如立刻行动起来，让孩子亲自体验读书与不读书的差异。

写给父母的话

带孩子去三个人生的“浪口”看一看。

有人说：“没有去过火车站的人，永远不懂何为流浪；没有去过地铁站的人，不知人间尚有希望；没有去过飞机场的人，不懂生活还有另外一个模样。”所以，当孩子打算放弃读书时，先带他们去转转这些地方。

体验第一站：火车站

无论多大的孩子，当他出现厌学情绪后，不要多说，带他去趟火车站，在候车厅，在站台上，看一看往来人群，然后对孩子提出三个问题：

这里环境如何？

人们的衣着体貌有哪些特征？

你觉得他们做着怎样的工作？

无论孩子如何作答，最后告诉孩子：“如果你未成年就辍学，你可以坐上这火车，但没有任何一个地方会收留你。如果，你靠着中下或中等的成绩毕业，妈妈可以帮你准备行囊，爸爸可以把你送到这个火车站，今后你将是他们中的一员，背着厚重的行囊挤上这趟列车，到处去谋生。”

体验第二站：高铁站

站在高铁站的候车厅，站台前，也要问孩子三个问题：

这里的环境与火车站相比怎样？

这里往返的人衣着体貌与火车站相比有什么不同？

你觉得他们做着怎样的工作？

当孩子回答完这几个问题后，告诉他：“如果你的学习成绩是中等偏上，拥有本科学历，你将来或许有机会成为他们之中的一员。有着不错的工作和收入，穿着得体的衣服，坐在宽敞舒适的躺椅上。”

体验第三站：飞机场

飞机场一定要去，与孩子多在里面转转，转过之后，再问三个问题：

这里的环境与高铁站相比怎样？

这里往返的人衣着体貌与高铁站相比有什么不同？

你觉得他们做着怎样的工作？

父母需要辅助孩子回答这些问题，然后告诉孩子："如果你足够优秀，学识渊博，名牌大学毕业，有高学历，那你一定有机会成为这里的常客，四海五内，想去哪里就去哪里，你会比别人更自由，也比别人获得的多。"

实验出真理，体验出实感，有实感才有觉悟。所以，当孩子认为学习不重要，当孩子觉得读书无趣时，就让孩子亲自去体验一把。体验读书与个人命运息息相关，体验读书与未来苦乐紧密相连。这样，孩子才知道好好学习为的是自己能成为将来那个想成为的人。

Chapter three

孩子沉迷手机和游戏怎么办

教育家马卡连柯说："专横、愤怒、叫喊、央告、恳求，只会让你远离初衷。"我们的初衷是希望孩子别再继续沉迷游戏，而非激化矛盾，让孩子生出叛逆之心，被负面情绪左右。古人有云：既然久攻不下，必是计策有失。不如以退为进，徐徐图之。

场景回放

小志从十一岁时就特别喜欢玩网游，每天不玩几局就浑身难受，也是从那时起，他的学习成绩逐渐下滑。小志却自信地说：

小志：我以后是要当职业选手的人。

作为父亲，自然不希望孩子太痴迷游戏而影响学习。至于小志说想当职业选手，父亲觉得，能入职职业电竞的人凤毛麟角。于是他对儿子说：

爸爸：打职业电竞首先需要极大的天赋，再经过努力才可以做到的。

小志立刻回道：

小志：我就是那个有天赋的人。

父亲没有反驳他，而是说：

爸爸

好，那爸爸跟你玩上三局，如果你输两次，就先去写作业，怎么样？

结果前两局小志就输了，虽然难过，但他还是乖乖回屋里写作业去了。

案例分析

在孩子沉迷游戏这件事上，绝大多数父母是零容忍。

但越是禁止，越是禁不掉，反而会增加游戏的神秘和魅力。其实，事情并非只有好或者坏两个标准。学习和游戏，并非只能选一。

在《送孩子去常春藤：20位常春藤妈妈的教育手记》一书中，有位妈妈经常鼓励孩子玩游戏，而孩子玩的都是知识性很强的游戏。比如，孩子上小学期间，经常玩一款以欧洲地图为背景的战争游戏。偶然间，妈妈发现孩子对很多国家的位置以及周边国家的情况，都能说出个大概来，这对一个从未上过地理课的小学生来说，着实不可思议。

之后，外公又建议孩子玩一部叫《三国》的游戏。在玩的过程中，孩子对三国时期产生兴趣。四、五年级的时候，就把《三国演义》读完了，甚至把三国时期前后的历史也弄明白了。后来，她的孩子被美国哥伦比亚大学录取。

柏拉图说：“初期教育应是一种娱乐，这样才更容易发现一个人天生的爱好。”

写给父母的话

让孩子戒掉游戏瘾，避免使用暴力手段。

即便孩子的行为已经让你忍无可忍，父母也应避免直接使用暴力手段。

尹建莉老师曾经做过一个假设，如果孩子沉迷游戏而不吃饭，身为父母，你是会把饭菜端给孩子，还是把饭菜直接倒掉。相信很多父母都会选择后者，认为这样才能改正孩子的行为，戒掉游戏，按时吃饭。实际上，越强迫，孩子越逆反。

那些用摔手机、砸电脑等强硬的方式让孩子放弃打游戏的父母，成功了吗？没有，相反，孩子的游戏瘾反而更加严重了。

那么，既然硬的不行，就不如反其道而行之，可以通过帮孩子挑选出适合他们玩的益智类游戏，给他一定的时间去接触游戏，慢慢降低孩子对游戏的痴迷。要知道，游戏瘾非一日形成，想戒掉也不可能一日完成。具体引导方法如下：

规定游戏时间

寻一个合适的时机，召集家庭成员开一次家庭会议，会议内容以制定游戏时间为主，既包括孩子的游戏时间，也包括父母的游戏时间。最好能把父母和孩子的游戏时间重叠在一起。比如白日里，任何人不许玩电子游戏，晚上统一规定游戏时间，并制定好时长。这样一来，孩子内心既能平衡，又可让家人带动孩子去严格执行。

把游戏变成有难度的任务

即便是喜欢的事，一旦变成有难度的任务，也会让孩子产生排斥心理。

有一位父亲对正在玩游戏的儿子说："我们不阻止你玩游戏，你想玩就玩。但是你记住不能输，你要一直输，就一直玩，玩到赢为止。"结果孩子没玩几把就哭着说，再也不玩游戏了。

这位爸爸的战术也是相当厉害了，他把玩游戏成功地给孩子扭转成了一项任务，那么孩子玩起来自然觉得不是在玩，只是单纯地在完成任务，还要顶着不能输的风险。如此一来，孩子自然就不再迷恋游戏了。

Chapter three

一招搞定孩子赖床的毛病

为什么孩子喜欢赖床呢？因为孩子知道，父母总有办法把他按时送到学校。孩子不需要为此担忧，自然能赖则赖。若想让孩子改掉赖床的毛病，就必须让孩子自己承担赖床的后果。

场景回放

早晨 7 点，爸爸叫嘟嘟起床，可无论爸爸怎么叫，嘟嘟翻来覆去就是不肯起。爸爸只好把嘟嘟抱起来说：

爸爸：再不起床，就连刷牙吃饭的时间都没有了哦。

嘟嘟闭着眼睛哀求道：

嘟嘟：爸爸，我好困啊，再让我睡会儿吧！

爸爸一撒手，嘟嘟就像一摊泥巴瞬间瘫软在床上。妈妈走过来，把他拽起来，一边给他穿衣服，一边说：

爸爸：再不起，就得迟到了。

嘟嘟才不管那么多，等妈妈把衣服给他穿好，他眼睛都还没睁开呢。

案例分析

父母和孩子的战争往往是从早上叫孩子起床开始，可偏偏就是叫孩子起床，整日弄得鸡飞狗跳，慌里慌张。没办法，孩子赖床。一边是呼呼大睡的孩子，一边是滴答滴答往前走的时钟。有多少父母为了不让孩子迟到，帮孩子收拾东西，在车上喂孩子吃饭，以避免孩子迟到。

当孩子发现父母比自己更加害怕迟到，就会理所当然地把迟到的责任归结到父母头上，也不愿意在这件事上花心思。相反，如果孩子意识到迟到是自己的事，就会紧张起来，有意识地避免迟到。

作家林海音曾对自己赖床这件事有一段很详细的描述：当我在一年级的时候，就有早晨赖在床上不起床的毛病……同学们的眼光，会一个个向你投过来。我虽然很懒惰，却也知道害羞呀！所以又愁又怕，每天都是怀着恐惧的心情，奔向学校去。最糟的是爸爸不许小孩子上学乘车的，他不管你晚不晚。

再后来，林海音成了众多等在未打开的大铁栅栏外的学生之一。

与其父母一直担忧孩子迟到，不如就让孩子去迟到。唯有让孩子真实体验到迟到给自己带来的后果，才能唤醒他本身的自觉性。最好能提前与老师沟通好，双方打个配合。孩子对老师都含有敬畏之心，老师的一句批评或责罚，远远比得过父母说上几十句。

有一点需要注意，当孩子告诉父母，因为迟到受到责罚时，父母万不可火上浇油，只需说："不要难过，还有改正的机会。你给自己定个闹钟吧，以后爸爸妈妈不叫你起床了。"一定要对孩子强调的一点是，从今往后，起床就是孩子个人的事情，父母不再参与。

当孩子对迟到有了羞愧心，又感受到父母坚决的态度，才能真正意识到自己必须对自己负责了。"自食其果"这个词在某些程度上是在塑造，塑造孩子的好品格，让孩子学会承担责任，做一个有担当者。

写给父母的话

父母做到规律，孩子才能形成规律。

到孩子就寝时间时，常有父母催促孩子赶紧上床睡觉，自己却躺一边刷手机，看电视，或者忙些别的事情。可这样的做法会给孩子一种“不公平”的感觉，孩子内心会这样想：“我也不困，为什么就只要我去睡觉？”再加上孩子会好奇爸爸妈妈在做什么，如此一来，睡意全无，定然无法保证充足的睡眠。

孩子越小，越要培养规律的作息习惯。当就寝时间到时，父母一定要先放下手里的事情，陪在孩子床前，讲个故事或聊聊天，然后熄灯。等孩子完全入眠后，再去忙自己的事情。按时又安逸的入眠方式，会令孩子完全放松，进入深度睡眠。只要睡眠质量足够好，孩子都能在闹铃声响起时，轻松醒来。等习惯成自然后，即便没有闹铃声，孩子也能自然苏醒。

让孩子自己决定起床的时间

父母可以和孩子一起商量几点起床。让孩子先排列出起床到出门要做的所有事，包括穿衣服、上厕所、洗脸刷牙、吃早饭等，然后推算出所需时间，最后确定起床的时间。只要孩子安排相对合理，和你的预期相差不是太大，就应支持。

美妙铃声唤醒

倘若家中有小爱或者小度，又或者有智能闹钟，让孩子选一首他最喜欢的音乐做铃声。这样一来可以减少被其他铃声吵醒的不悦感，还可以提升起床意愿。

Chapter three

如何让孩子主动去学习

人为什么会主动去做一件事？首先是因为他有一个目标，然后有一套完整的管理体系在催动着他前进。如果孩子玩心大，学习不主动，不妨试试目标管理法。

场景回放

瑶瑶一玩起来经常忘记写作业。平日里总要爸爸妈妈提醒很多次，她才肯去写。但是，有一次因为爸爸妈妈有事要在外面忙到很晚，就忘了提醒瑶瑶写作业。结果晚上九点多，妈妈问瑶瑶：

妈妈

你作业写完了吗？

瑶瑶惊呼：

完了完了，我忘了！

瑶瑶

看瑶瑶匆忙去拿书包，妈妈非常生气，说：

妈妈

如果我不提醒，你就不知道写，是不是？你什么时候能自己主动一点？

案例分析

做事不主动，通常是因为缺乏目标。孩子学习不主动，也多半是因为没有学习的目标。

《爱丽丝漫游奇境》里的爱丽丝，她问猫："请你告诉我，我该走哪条路？"

猫说："你应该先问问自己想去哪里？"

爱丽丝摇摇头说："去哪儿无所谓。"

猫说："那么走哪条路也就无所谓了。"

始终要选一条路，心里却没数，自然走哪条都是一样的。换句话说，孩子清楚自己要学习，却不知因何而学，也不清楚要如何更好地学习，那学习对他来说就不是什么要紧的事情，既然不要紧，自然很容易被其他事情替代或耽搁。

著名管理学家巴纳德也曾说："目标管理的最大好处是，它使管理者能够控制他们自己的成绩。这种自我控制可以成为更强烈的动力，推动他尽最大的力量把工作做好。"

要让孩子学会目标管理，首先要弄清楚目标管理的五步骤。

第一步：设定目标

有目标，才有方向。给孩子设定的学习目标，一定要明确、具体，最好是在短期内就能实现的。比如，一个月之内读完两本课外书。

第二步：目标分解

毕竟一口气吃不成一个胖子，所以要对阅读这两本书的目标进行分解。如每本书一百五十页，两本书共三百页。一个月按三十天计算，那每天孩子需要阅读十页。这环节可活泛些，可以根据情况适当调节。这样一来，对实现大目标就有一个清晰的脉络了。

第三步：制定计划

父母可与孩子共同商议，制定出一个效率最高的实施方案。比如说，孩子写完作业后，若再读书，会不会觉得累。如果是，那就定在睡觉前读，或者早晨起床时读。可以写张大标语，贴在孩子的书桌前，用以警醒。

第四步：执行计划

千万不可光动嘴，前三步一旦制定好，就立刻实施起来。因为多好的计划，一旦搁置，再提起，兴致也会大打折扣。

第五步：回顾总结

当一个月期限到时，父母可与孩子一起回顾目标完成过程中遇到的各种问题，让孩子自己说一说哪些地方做得不够好。适当反思，孩子才能从中吸取经验，为下一个目标计划做更好的心理铺垫。

目标管理的目的是让孩子做到心中有数，知道自己每天的学习内容有多少，需要多久完成，已完成多少，剩下的还需多久，自己又从中学会了什么，还有哪些未掌握。而这整个过程下来，就进入自主状态了。

当孩子做到心中有数，即便放学后先玩，玩过之后不需要任何人提醒，他也会主动去完成作业，完成每日的学习目标。而这也正是父母最期望看到的。

写给父母的话

适当的奖励会化成孩子内在的动力。

当孩子有了目标，有了计划，并且已经开始执行时，父母可以适当给孩子带来一些奖励。比如，第一周结束，孩子表现得非常好，父母可以这样说：“你已然把学习当成自己的事，也不再需要爸爸妈妈提醒，你真的已经长大了，为恭喜你长大，爸爸妈妈可许你一个心愿。”

这样说，不仅让孩子有成就感，也会让孩子更明白，学习是他自己应该承担的义务。而那个小小的心愿，则会强化所有的感觉，让孩子更加重视学习。

制定规划表

孩子渐渐长大，学科会越来越多，作业也会越来越多。有的孩子就比较盲目，不知道先写哪个后写哪个。这时，父母可以教孩子制定规划表。拿一张纸，把作业列在上面，然后，把作业按照简易难排序，或者按学科比重排序。有了顺序，孩子做起来会顺畅很多。

娱乐学习

小学一二年级的孩子没有书面家庭作业，如果父母希望孩子能多识字，也能更好地在升三年级后接受书面家庭作业这件事，可以自己动手做些成语接龙的卡片、古诗词接龙卡片、字词拼写卡片等等。每日等孩子放学后，抽出半小时与孩子一起玩。这样可以帮孩子早早建立起每日需在家学习的习惯。

Chapter three

该不该让孩子做家务

孩子不爱做家务，没有边界感的父母常会指责他懒惰，不懂得感恩。其实孩子不愿意做家务，通常是父母的责任。想一想，你是不是曾因为孩子帮忙时搞砸了，而指责他？如果没有鼓励，孩子凭什么会爱上做家务？

场景回放

小阳的房间里特别乱，脏衣服、书本、玩具扔得到处都是。妈妈下班回到家，很生气，就批评他说：

妈妈：妈妈天天上班累死了，你就不能把自己房间收拾收拾吗？

小阳反驳道：

小阳：我上学也很累啊。

妈妈生气地说：

妈妈：那是你自己的房间，你不收拾，等谁给你收拾？

妈妈越说越生气，指责小阳太懒，小阳一生气就跑了。妈妈生怕出什么事，不得已又在后面追出去。

案例分析

要让孩子爱上做家务，一定要多鼓励，多认可，让孩子从中获得成就感，并感到快乐。

在某电视采访节目中，主持人问一位女嘉宾："你自己有没有什么激励孩子爱上做家务这件事的（方法）？"

女嘉宾说："就比如说，像咱们家这次吃饭，出去吃想吃什么。有时老大想吃比萨，老二想吃中餐。然后我们就决定，如果谁家务做得多一点，谁就有说话的权利。"

对此在场的诸位嘉宾纷纷说这个方法好。主持人也赞同道："权利并不是说靠你老或小，你就永远拥有这权利，而是你要有谈判的条件。"

女嘉宾说："就是你更懂得照顾别人，你更懂得为对方着想，那今天这顿饭就你说了算。"

女嘉宾的方法里既包含着鼓励——给孩子说话的权利，又包含着奖励——干得多的可以吃到自己爱吃的，孩子当然喜欢了。

真诚的鼓励，是给孩子最好的养料。哪怕孩子做得并不好，甚至把厨房搞得一片狼藉，但他做家务的初衷，做家务的积极性都是值得鼓励的。

网上一位妈妈分享了一段孩子做家务的过程。她只是去客厅坐了会儿，再返回厨房时，三岁多的女儿正踩在凳子上洗碗，洗洁精倒在了灶台上，地板上到处都是水……妈妈静静走过去，孩子刚好抬头看到她，孩子说："妈妈，你看我洗得干不干净？"妈妈先是亲吻了孩子额头，说："干净，这是你出生以来第一次参与咱们家的劳作，你做得非常好。"孩子两眼放光，小脸上都是自豪。

让孩子参与家务劳作这件事，越早越好。教育学家海姆斯说："哈佛大学的研究显示，家长引导孩子做家务的年龄越早越好，因为孩子尽早参与后，就会觉得洗盘子是学习的一部分，不是很重的工作，是自己平时要做的普通事情之一。孩子完成了任务后，会认为自己对家里尽了责任、贡献了力量，并为此感到骄傲。

写给父母的话

让爸爸参与带孩子，孩子更有积极性。

家庭劳作爸爸和妈妈最好全都参与进来，所有的家务不要总是让妈妈做。如果爸爸一直袖手旁观，躺在一旁只知道玩手机或睡大觉，对孩子的影响是非常大的。比如说，孩子也正在玩游戏，妈妈叫他做事情，孩子就容易有情绪："我爸都不干，凭什么叫我啊？"

家是一个家庭的家，里面的所有成员都有担起维护这个家的义务。当爸爸对孩子说："妈妈刚才做饭一定有些累了，剩下的就交给咱爷俩做。"这时爸爸的话在孩子心底响起来的就是责任。而且，有爸爸带头做家务，孩子的积极性往往更容易被激发出来。

让孩子选择自己想做的家务

把家里的大小家务列一个清单贴在墙上，每次做家务的时候，可以让孩子自由选择自己想做什么。这样一来，既好玩，又能避免重复性造成的烦躁感，还可让孩子在选择和执行的过程中学会担当。

爱心勋章积分奖

孩子每做一次家务，做得好，就奖励一枚爱心勋章。等凑够十个或二十个的时候，父母就适当给孩子一些奖励。也许一开始孩子是为了奖励而做家务，但久了，做家务也就成了一种习惯。

父母的鼓励和夸奖，就像送进孩子嘴里的一块儿糖，即便裹挟着汗水和辛劳，对孩子来说也是甜美和欢喜的。

第四章

批评有边界，孩子更容易进步

没有边界感的父母认为，孩子错了，就应该遭受严厉的批评。但大声批评只会让孩子感到恐惧，不会让孩子认识并改正错误。当孩子犯了错，父母应该像朋友一样给孩子提出一些切实可行的建议和意见，帮助他在错误中进步。

Chapter four

如何做情绪稳定的父母

生活中，这样的场景很常见：父母在旁边大声呵斥，孩子害怕地低头不敢说话。父母大声斥责，孩子内心一直在对抗恐惧，根本就无暇去认识自己的错误。斥责越多，孩子越是自卑。

场景回放

爸爸只要一坐到饭桌上，就开始数落小唐：

爸爸：看你吃饭像什么样子，邋遢。

如果小唐埋头吃饭，爸爸又会说：

爸爸：就知道吃吃吃，看你都胖成啥样了？

小唐听着委屈，就偷偷抹起眼泪来。

爸爸一看，拍着桌子让他站一边去，瞪着眼睛大声训斥道：

爸爸：动不动就哭，一点男子汉的气概也没有。

长大后的小唐非常自卑，患上了社交恐惧症。他不想与人说话，也不愿意上班。别人与他交谈，他就莫名地紧张、脸红，根本无法和同事交流。

案例分析

父母的斥责会让孩子失去对自己的认同感。孩子要么恐惧与人交流，生怕自己某些行为或某句话惹对方不高兴，要么选择撒谎，来逃避责任。

当孩子不小心摔碎东西时，有的孩子会把东西藏起来，有的孩子会在父母问起时，摆出一副很无辜的神色说："不知道，不清楚呀！"这便是非常明显的逃避行为。因为孩子清楚，当他犯错误时，只会迎来父母的大声斥责，内心的恐惧感促使他不得不选择用逃避责任的形式掩盖自己的过失。当父母发现孩子匿藏的碎片，或看出孩子在撒谎时，若依然选择更严厉的斥责方式，孩子不会认为自己真的错了，只认为自己隐藏得不够好，或者觉得自己的神情还需要再自然些。

教育学家尹建莉说："你对孩子发的三分脾气，会对孩子造成七分伤害。"

当孩子做错事情时，父母教育的初衷是让孩子意识到错误本身，并及时纠正。而斥责的声音分贝越高，越容易转移孩子的焦点，给孩子留下恐惧的阴影。

一日，女儿维尼夫雷特问妈妈斯特娜夫人："我想到同学家里去玩，可以吗？"

妈妈说："可以，但必须在十二点半以前回来。"

但女儿并未按时回家，比定好的时间晚了20分钟。妈妈看到晚归的女儿，并未说什么，只是指了指钟表。女儿愧疚道："是我不对。"

原本今日是要去看戏或看电影的。等吃完饭，女儿收拾好一切后。妈妈又一次示意孩子看钟，她说："今天时间来不及了，戏和电影是看不成了。"女儿有些难过，妈妈却只说了一句："这真遗憾！"

著名学者斯特娜夫人仅仅靠"这真遗憾！"四个字，就让孩子明白了一个非常简单的道理：不信守承诺，就要为此付出代价。

李开复也曾说，作为父母和长辈，不该在孩子面前摆着一副高高在上的样子，不停训斥。那只会让孩子失去勇气，变得被动，固步自嘲。他说："这种孩子在30年前的企业是受欢迎的，但是今天已经过时了。我们今天希望培养的孩子是快乐的、乐观的，是能够信任父母，能够彼此倾诉，能够爱自己也能爱别人的人。"

写给父母的话

别忘了自己曾经也是一个小孩。

《小王子》中有一句经典台词：每个成人曾经都是孩子，只是他们忘记了。幼时的我们也曾碰倒碗筷，到哪里都想疯跑一阵，跑着跑着磕破了膝盖。仔细想想，也许那时的我们并不比眼前的这个小孩做得好。而我们却总以一个成年人的视角去要求孩子，但凡孩子有做不好的事情，也总忍不住批评。

莫要忘了，他是一个正在成长中的孩子，他更需要我们做父母的能站在他的角度看待问题。尤其当孩子不小心犯错时，他内心在害怕，他渴望父母的安慰和理解。也只有当我们能站在孩子的角度想问题时，那些看似糟糕的事情才能变得简单。

心里默数1、2、3

如果孩子弄脏了衣服，别急着训斥，先在心里默数 1、2、3；如果孩子说谎，别急着训斥，先在心里默数 1、2、3……只要孩子做了什么不对的事情时，就先在心里默数 1、2、3，实在不行数到 5，因为默数数字的过程中，气就消了一半，只有先平静下来，才能更好地处理孩子的问题。

轻声教育

当孩子在公共场所影响到别人或犯了错误的时候，先带着孩子去一个无人的地方，然后蹲下来与孩子视角向平，轻声告诉孩子在公共场所里，哪些可以做，哪些不可以做。父母可以是严厉的，但万事需要以尊重孩子为前提。

Chapter four

允许试错，孩子才能不断进步

父母总是竭尽所能，从自己的经历里总结经验，传授给孩子，为的是让孩子避免犯错。但如果因为担心出错，什么都不让孩子尝试，孩子又怎么能学会避免错误呢？孩子只有自己体验了错误，才能得到教训，去改正错误。

场景回放

游乐场中，坤坤正扒在纵横交错的攀爬网上。妈妈一手扶着坤坤的左腿，一手扶着坤坤的右腿，教孩子找绳子、蹬踩。只听妈妈一会儿说：

妈妈：坤坤，脚踩在这里，手抓稳了。对对对！慢慢来，别着急，跟着妈妈的指示走。

妈妈一会儿又说：

妈妈：别去那边，那边不好爬，往另外一边去。

结果坤坤一脚蹬空，腿掉进了网眼里。妈妈埋怨道：

妈妈：你这孩子怎么不听话呢，让你别去那边，你非要去。

坤坤大哭，说什么都不愿意再爬了。

案例分析

父母总是极力说服孩子按照自己说的去做，一旦孩子不执行，父母就会出面及时制止。尤其是当孩子因为不听话，而做错之后，一些父母就开始各种嘲讽和批评："你看你，不听父母言，吃亏在眼前了吧！以后别自作主张。"

于是，我们看到，有的孩子虽然讨厌父母对自己指手画脚，但也变得十分依赖父母，做什么事都要先问问父母该怎么做。等到孩子再大些，父母又开始埋怨孩子没有主见，一点小事都弄得慌手慌脚。

哲学家弗洛姆说："教育的对立面是操纵，它出于对孩子之潜能的生长缺乏信心，认为只有成年人去指导孩子该做哪些事，不该做哪些事，孩子才会获得正常的发展，然而这样的操作是错误的。"

孩子只有摔倒，才知道摔倒后会疼痛会受伤，当站在陡峭的山坡上时，才会小心翼翼。受伤后哭着爬起来，那一刻孩子才能明白，靠人不如靠己，哪里跌倒就在哪里爬起来。所以，父母最好的教育不是将我们以为的"正确"直接传授给孩子，而是允许孩子试错。

《鹬》是一部只有六分钟没有任何言语的动画片，却获得了奥斯卡最佳动画短片奖。影片中，鹬妈妈在海边找到了食物，等在一旁的小鹬就立刻张大嘴巴等着妈妈喂食。结果妈妈一口吞掉食物，推着将小鹬送到了海边，示意它自己觅食。小鹬原本有些兴奋，但一个海浪就把它拍到了一边，吓得小家伙躲在窝里瑟瑟发抖。

但鹬妈妈并未就此喂食小鹬。小鹬饿了，于是壮着胆子跑去海边，当海浪袭来，它学会了后退躲避。小鹬看到寄居蟹会在海浪来前钻到沙子里。它正觉得好玩，大浪再次袭来，小鹬急中生智迅速挖出沙坑躲了进去，这次它未被海浪拍走，还在海水下看到了不一样的风景。这让小鹬兴奋不已，从此不再惧怕海浪，还帮妈妈寻找食物。

网上流传这样一句话，叫："人生没有白走的路，每一步都算数"。犯错，是孩子成长的必经之路。因为孩子需要在试错中寻找经验，需要在试错中找到适合自己的方式和方法。心理学家赛奇斯说：“当孩子犯错了，你应该带着孩子从过失的痛苦中走出来，不要盯着孩子的过失不放，而应该去赞赏孩子尝试活动的努力和勇气。”

写给父母的话

告诉孩子，真相只藏在每一次的尝试里。

还记得“小马过河”的故事吗？故事里，小马驮着麦子要去磨坊，结果遇到了小河。牛伯伯告诉它河水很浅。当它准备过河时，小松鼠又告诉它水很深。小马不知该怎么办，又返回家中，妈妈告诉它：“河水是深是浅，你去试一试，就知道了。”于是小马又回到河边，虽然小松鼠依然大喊水深，但小马还是下水试了试。这时它终于知道“河水既不像小松鼠说的那么深，也不像牛伯伯说的那么浅。”

作为父母，不仅要让孩子去尝试，并且还要鼓励孩子去尝试。就像一对父母袖手旁观孩子错误的游戏方式，有人不解，他们却说：“孩子的悟性都是从错误中得以开化。况且父母的方法也不见得就是最好的，反而会让他失去很多乐趣。”

让孩子放心大胆地画

有位妈妈在微博中晒出一组照片，两个孩子正在墙面上涂鸦，她配文说：“我们家的墙成了这两个小家伙的画板，过去我总想着制止他们，但我的先生总会先拦住我，说别打扰他们的创作，墙面可以重涂，可是灵感没有了是无法重塑的。”

孩子在乱画或涂鸦的过程中，能给他自己带来很多种可能。有父母说，可以给孩子换个画板。但孩子的好奇心、灵感和创作力会因为各种因素的变化而流失。

让孩子自己品尝不同水果的味道

孩子的味觉比成年人要敏感。有时葡萄在我们嘴里吃着有一点酸，但孩子吃着却是酸中带甜。所以，当我们把各种水果摆在孩子面前时，别急着告诉孩子什么水果什么味道，让他们去尝试。我们都知道孩子爱吃甜食，这样一来就会误导孩子放弃那些未品尝过的水果。

你看，远处的小孩正在开心地朝你奔来，他不小心摔了一跤，皱着眉说："我变成爱吃泥巴的蚯蚓了。"抬手指着天上的云朵说："好想吃一口大大的棉花糖啊！"那是多么的天真烂漫呀！

Chapter four

如何更好的批评孩子

父母认为，孩子犯了错，理所应当被批评。而且，面对孩子的错误，父母也很难做到从容、淡定，会迫不及待想要孩子认错，改错。如果孩子还敢辩解，父母会认为孩子是在找借口，逃避责任，结果越说火越大，孩子当然也不会服气。

场景回放

爸爸发现西西文具盒里的圆珠笔只剩下一支。爸爸就问西西：

爸爸：你怎么就剩一支笔了？

西西说：

西西：爸爸，你不知道，我们班里今天……

西西话还没说完，爸爸就生气道：

爸爸：别打岔，爸爸跟你说过，笔不用了就放文具盒里，别拿着到处转悠。

西西也急道：

西西：不是，我就是……

爸爸见茜茜还在给自己找借口，火更大了，说：

爸爸

就是什么就是？少给自己找理由，你从哪里学了这么多臭毛病？”

案例分析

批评过后，只要孩子仍然带着负面情绪，就说明事情根本没有解决清楚。既然都决定要批评孩子了，不如先听一听孩子是怎么想的。

看着被烫枯萎的花和花盆里的菜渣，妈妈问女儿：“莜莜，你在花盆里放了什么？”

女儿说：“热汤呀！爸爸说了，热汤有营养，我在给花花喂营养呢，这样它就能开好多花了。”

妈妈摸着女儿的头说：“我家莜莜真聪明，知道花也是需要营养的。但是，热汤或者热的东西不行哦。它是植物，需要的营养跟我们人类是不一样的。”

给孩子一个把话说完的机会，或者可以这样说，给孩子一个辩解的机会。只有让孩子把话说完，把事情解释清楚，父母才能看清问题的本质，找到真正的原因，自然也能分辨出孩子是在找借口，还是因外界因素受到了影响。况且，只有了解实情，才能对孩子做出正确有效的引导。

有些父母说：“我让他把话说完，可你看他是什么态度？跟父母顶嘴，还一副天不怕地不怕的样子。”

当父母跟孩子沟通时，孩子跟父母顶嘴，其实就是孩子表达内心看法的一种方式。这与平时定义的“坏习惯”不能相提并论。我们一直以为孩子顶嘴，是缺少素养，不礼貌的行为。所以当他顶嘴时，就总是让他住嘴，然后劈头盖脸数落一顿。殊不知，孩子只是不能像成年人表达得那般圆滑和委婉，所以才给人一种顶撞的感觉。

孩子表达方式不对，可以慢慢纠正。当父母蹲下来与孩子说：“不要着急，爸爸妈妈知道你也想把事情说清楚，那咱们慢慢说，爸爸妈妈会认真听你说完。”这时，孩子知道自己得到了父母的认可和支持，他便有更大的勇气和自信，沉稳地将自己想说的话说清楚。也许孩子说的理由并不充分，或者有些可笑，但也请看在他们涉世未深，比较单纯的份上，先给予态度上的肯定。

总之，凡事先耐心听孩子把话说完。倘若孩子说得有理，要赞赏；倘若孩子说得不合理，父母也可以根据孩子的说辞，做出正确的判断和评价，然后与孩子进一步交换意见，让孩子真正意识到问题的重要性，进而纠正自己的行为。

写给父母的话

开口前，先问孩子一句“为什么”。

为何孩子越长大越不喜欢与父母交流了呢？其中的主要原因之一，便是父母过于武断，孩子在他们面前不仅没有发言权，还要经常忍受父母无缘无故投过来的批评。

比如，孩子吃饭时，呼噜呼噜吃得非常快。有的父母就会先责备孩子“属饿死鬼的吗？着急忙慌的，小心饭弄衣服上，邋遢。”结果孩子闷不吭声（懒得搭理父母），吃完饭扭头就走了。

那些聪明的父母就会先问孩子：“为什么吃这么快，是有什么着急的事吗？”孩子开心地说：“我跟同学约好了要去找他玩的，快迟到了。爸妈，你们慢点吃，我先走了。”

孩子是否乐意跟父母沟通，与父母平时的沟通方式有很大关系。一个平日里自信、阳光、礼貌，善于表达又有主见的孩子，背后一定有一对有耐心又会先问“为什么”的父母。

给小孩子准备张爬爬垫或爬爬毯

小孩子特别喜欢跪呀、爬呀、坐着，光脚在地上玩，父母可以问孩子

为什么喜欢这样，大部分孩子因为年龄小，表达不准确，只能说一句：“好玩呀！”其实孩子表达的是，这样比较自在，轻松。这时，父母可以帮孩子准备一张大爬爬垫或爬爬毯，引导孩子在这上面玩。孩子自然能理解父母的行为，也能记住，以后不可以随便在地上摸爬打滚，要玩就在干净卫生的爬爬垫上玩。

召开家庭会议

一家人坐在一起召开一次家庭会议，会议主题就是：我有发言权。父母和孩子开诚布公说一说自己对这个家，对家庭成员的各种想法。然后对此制定一条家规：从今往后，无论发生什么事，一家人必须坐下来好好谈，各抒己见，然后大家一起评判。

让孩子说，听孩子辩解，父母宽容而温柔，孩子才能形成良好的行为习惯，学会宽容而温柔地接受和看待不同意见。父母的理性与智慧，也将成为孩子成长路上最大的助力。

Chapter four

翻旧账，别找孩子

心理学专家周梵说：“无论是父母对孩子，还是伴侣之间，人们总以为让对方感到羞耻才会让对方反省。事实上，自我改变是需要力量的，而罪恶感能最快扼杀力量。”所以，当父母批评谴责孩子过去的错误，就是在剥夺孩子改变的力量。

场景回放

听说儿子把同学的鞋子扔了，爸爸很愤怒地打了儿子：

爸爸：你为什么要把同学的鞋子扔了？

儿子不服气地说：

儿子：是他先惹我的。他说我窝囊废，说我是笨猪。

爸爸指着儿子，说：

爸爸：他说你是不对，你可以找老师呀！你说你从小不是刮坏人家的车，就是砸坏人家玻璃，你说说你干了多少好事？

儿子一听，也生气了，说：

儿子：你怎么不说我出生就是错误，我走了，你们就高兴了。

案例分析

孩子做错事情，父母站出来批评孩子，这些本没有问题。但是，在批评孩子的时候，一直揪着孩子的“小辫子”不放，甚至把一年前乃至几年前那些陈芝麻烂谷子的事都翻出来重新摆在孩子面前。这样的教育方式一定是有问题的，否则孩子也不会表现出那么激烈的负面情绪。

有家长认为，之所以在批评孩子时，把过去的账翻出来，是为了让孩子长记性。这天下父母都爱自己的子女，自然不会故意贬低孩子。可事实上，这种想法本身就没有多大说服力。首先，孩子不会因为父母多说了一些曾经的过错，就轻易改正现在的错误。其次，唠唠叨叨地翻旧账，恰恰是批评孩子时的大忌。

当父母告诉孩子不该长时间玩手机时，又翻出孩子长时间看电视不读书，玩电脑不学习的事情说个没完，孩子就会想“这也不行，那也不行，也不让我出去玩，我是机器吗？没有自由啊！”就这样，父母谈及的问题越多，原本教育的目的也失去了中心，还令孩子产生了极大的负面影响。情绪崩溃之下，孩子只能捂着耳朵说：“你到底说够了没有？烦不烦啊！”

说了那么多，家长到底在表达什么呢？你是希望孩子改正现在的错误呢？还是觉得孩子有那么多的过错，已经是个无可救药的人了呢？而这些，也正是孩子想知道的。

有些事过去了就过去了，别再拿曾经的错误来“惩罚”现在的孩子。那些已经“结案”的东西，真的没必要再提起。与其让孩子总是为过去的事情感觉难堪，不如把教育的焦点和重心放在当下。

樊登说，有一次儿子嘟嘟玩球时打碎了妈妈的几个瓷器，他很害怕爸爸妈妈生气。樊登知道后，先问儿子：“发生了什么事？”儿子叙述后，樊登又问：“你觉得现在应该怎么做？”

嘟嘟说：“应该把瓷片收起来，然后再帮妈妈买新的瓷器。”

樊登点点头，说：“你现在还小，收拾瓷片容易受伤，我帮你吧！”

等他们收拾好后，樊登又问：“你觉得以后怎么避免这种情况发生？”

嘟嘟说：“那我以后不在屋里玩了，出去玩。”

樊登说，孩子从小到大都在“闯祸”，但很多时候都不是故意的。当孩子做错事情时，父母先问：“发生了什么事？”而不该直接说：“你怎么这么坏呢？你以前……”前者是把问题具体到事件本身，于是孩子很容易意识到错在何处，应该怎么改正。而后者是把问题针对到了个人身上，犹如对他进行人身攻击，给心灵造成创伤。

作为父母，应该让孩子明白一个道理：就事论事，是因为做错事了就该受到批评。而对事不对人，是为了让孩子明白，即便做错了事，父母依然爱他，并且比任何人都希望他能健康成长。

写给父母的话

批评过后，即可恢复平常心。

曾有个小孩撕心裂肺地对父母怒吼道：“我已经知道错了，你们也批评过我了，可为什么还是整天板着脸，为什么这么久了也不肯跟我说一句话？你们到底想让我怎样？”

既然已经批评过孩子了，孩子也知道自己错了，父母就该立刻让这件事翻篇，恢复一颗平常心对待孩子。如此一来，孩子也能明白一码事本就归一码事，既然事情过去了，就抬头朝前看。

批评时，避免说“又”

在批评孩子时，千万别说“你怎么又……”又的含义本身就是连挂着之前的事情。所以在批评孩子时，发生的是什么问题，就只针对这个问题本身，不要用积累性的词语。

Chapter four

让孩子承担后果不好吗?

有很多父母在陪伴孩子的成长过程中，常常一边教育，一边帮他善后。对孩子来说，他只是听了几句不痛不痒的话，也没做什么，事情就被摆平了，自然不会主动去改正错误。

场景回放

妈妈一边收拾乱丢的衣服一边说：

妈妈：看看这衣服扔得到处都是，跟你说了多少次，衣服别走哪儿脱哪儿，什么坏习惯呀。家里要来个客人，像什么样子。你就不能……

正在写作业的孩子，烦道：

孩子：哎呀，我知道了，以后不乱扔了。一直唠叨，还让不让我写作业了？

妈妈赶忙说：

妈妈：是，是，我错了，写你的作业吧！

结果第二日，孩子的衣服依然扔得到处都是。

案例分析

孩子明知道自己的行为不妥，却依然明知故犯，其中最大的一个原因是：他没有感受到任何不适感。好比，玩具扔得到处都是，但并不妨碍他下次继续玩；在地上摸爬滚打，第二日依然有新衣服穿；弄坏别人的东西，立刻就能拿个新的还给人家。

所以，在这些孩子的意识觉醒过程中就形成了这样一种认知：我做什么都可以，反正身后有人打理。于是，他们有恃无恐，想干吗干吗。这就是造成孩子说教无用，屡教不改的一个重要原因。

如果孩子从来没有为自己的过错承担过责任，那他为什么要去改正错误呢？想让孩子成长为有责任有担当的人，就必须从小让孩子学会为自己错误的行为造成的后果买单。可能有父母担心："孩子这么小，就让他承担一些惩罚，会不会在他内心留下阴影，变得畏首畏尾了呢？"答案是，不会。

现在很流行一种说法："如果父母不好好管教好孩子，那将来会有人替你管教。"可到那时，多是悔之晚矣。况且，正是因为现在孩子年龄小，犯的都是一些小错，要承担的也不过是一些小的代价。但这些小代价小后果，却能让孩子变得勤奋、自觉、明白事理。

贝贝去冰箱里拿水果，随着"砰"的一声开门声，又传来"叭——"摔碎的声音。只听贝贝大声喊道："妈妈，鸡蛋摔碎了。"那时，妈妈正忙着，就喊了一句让她自己清理了。可贝贝从小就爱干净，又特别讨厌黏糊糊的东西，就拒绝了两次，但妈妈还是坚持让女儿清理。后来，妈妈发现，自从"鸡蛋事件"后，女儿再去冰箱拿东西时不再似过去那般粗暴，变得格外小心。

成长需要经验带领，而经验需由真情实感获得。想让孩子进一步，父母就必须退一步，这是为人父母当有的智慧。

只有让孩子吃一堑，方能长一智。所以，对孩子去实施安全的放养吧，趁着孩子未到青春期，所经历的都是一些生活琐事，所犯的一些错误尚在可控的范围内。无论是有心还是无意，让他去承担自己该承担的。

写给父母的话

让孩子选择惩罚的方式。

若想让孩子意识到自己的错误行为很严重，并心甘情愿做出改变，就把处罚方法的决定权交给孩子。马克·吐温家中便有这样一条家规：犯错之人，必须接受惩罚，而惩罚方式，由犯错之人提出。

一天，马克·吐温提议去旅行，家人们都很开心。可临行前，大女儿苏茜把妹妹克拉逗弄哭了。看着克拉伤心的样子，苏茜渐生愧疚。于是，她主动向母亲承认错误，并且坚定地说："今天，我留在家里，不坐马车一起去旅行了。"爸爸提议让她换个方式，但女儿却说："我必须对自己的行为负责。这样的话，能让我永远记住自己的这次过失！"

孩子犯错，必须接受惩罚，这是不可更改的前提。而惩罚的目的不在轻重，是为了促使孩子改变、成长，实现良性转化。所以，惩罚的程度必须配比孩子的行为，并且必须保护孩子的尊严和人格不被侵害。而能满足这些条件的方法，就是让孩子自己挑选惩罚方式，即公平又民主，让孩子心服口服地去自我反省。

吃饭叫不动孩子，就别叫了

叫孩子吃饭时，一遍两遍光答应不行动，那干脆就不叫了。好好吃自己的饭，吃饱后把饭菜该放冰箱放冰箱，该扔的就倒掉。

等孩子准备吃饭时发现桌子是空的，肯定会质问父母。这时，轻声细语告诉他："妈妈叫了你两遍吃饭，是你自己不吃的，你自己想办法吧！"说完后，扭头别再关注他，任凭孩子怎么哀求或吵闹，都不要理会。一次两次之后，孩子自然就乖乖按时吃饭了。

第五章

建立情绪边界，孩子不哭闹

每个孩子都有一种神奇的能力，就是让父母歇斯底里，崩溃到倾尽全力河东狮吼。从心理学来讲，“吼”是一种暴力语言，会造成孩子的安全感缺失，会让孩子变得胆小、自卑，甚至损伤孩子的大脑。所以，保持语言边界，才是给孩子最好的爱。

Chapter five

如何让孩子屁颠屁颠配合你

从心理学来讲，父母只顾着宣泄怒气，大吼大叫，会使孩子变得胆小、自卑，不敢表达自己的主张，长大后也没主见。孩子会把这种模式复制到跟其他人的相处中，从暴力行为模式的受害者，变成施暴者。

场景回放

爸爸正躺在沙发上玩手机，六岁的儿子山山跑过来拽着他的胳膊，说：

山山：爸爸，你陪我玩会儿。

爸爸的视线并没有从手机上移开，而是不耐烦地说：

爸爸：去，自己一边玩去。

山山不肯罢休，两手抱着爸爸的胳膊摇晃起来，祈求道：

山山：爸爸，你就陪我玩会儿吧，求你了！

也许是山山用力太大了，爸爸的手一滑，手机砸在了自己脸上。爸爸猛然坐起来，一脸怒气吼道：

爸爸：你想干嘛？

山山被吓得一激灵，过了好一会，才哭出来。

案例分析

为什么你要吼孩子呢？

有的父母开玩笑说：“可能是自己更年期提前了吧，就控制不住。”

也有父母说：“我们小时候就是被父母吼着长大的，没什么大惊小怪的。”

吼叫孩子的行为，基本上每个家庭都不可避免，原因也是各种各样，比如，孩子太过吵闹；孩子不分场合胡搅蛮缠；自己心情不好，就没控制住情绪等等。当然，不管出于什么原因，有些父母对孩子大吼过后，意识到行为过激，会向孩子道歉。可道歉后，对孩子真的就没有任何影响了吗？

在往后的日子里，你会发现孩子越来越没有耐心，他会打断你说话，会对着你大吼，甚至当吼叫都不能让他满意时，开始撒泼打滚或摔打东西。这就是吼叫孩子所产生的后遗症之一——脾气暴躁。

有时，我们还会看到这样一类孩子，说话唯唯诺诺，尤其在父母面前，不敢张开嘴大声说话。想吃什么，也是摆着一副近乎哀求的样子，半张着嘴小心翼翼地问父母要，只要父母说不行，立刻不敢再吱声，只能委屈地偷偷抹眼泪。如果揭开这个原生家庭的面纱，你会发现，这个孩子基本是在父母的怒吼声中长大的。这亦是怒吼给孩子带来的后遗症之一——怯懦。

至于有人说，自己也是被父母吼着长大的，但不觉得怎样。请回顾一下自己的日常，是否受一点刺激就反应激烈？心情不好时，是否看谁都不顺眼，甚至把情绪发泄在刚做错事的孩子身上？吼叫是会传染的，尤其越亲近的人，越容易感染，而且会一代一代传下去。

别小觑自己的吼叫声，因为没有一个父母知道那尖锐的声音和自己怒吼时的样子，在孩子眼里有多可怕。

在《超级育儿师》一档节目中，育儿师将一位妈妈带到了一个空旷的舞台上。那是一位极普通的妈妈，她孤零零站在那里，不知道接下来会发生什么。育儿师告诉她，接下来让她听一段自己发脾气时的声音。

当灯光全部关闭后，一道尖锐的声音响起，吓了这位妈妈一跳。育儿师问，是不是第一次以第三人的立场听到自己的声音？妈妈紧张地点点头。接下来，音响里的怒吼声越来越大，妈妈开始被那狰狞又撕裂般的嗓音吓得瑟瑟发抖。不一会儿，妈妈再也受不了，双手抱头，蹲在地上痛哭流涕。

后来，那位妈妈回忆说，她从来没有想过，自己怒吼时的声音竟是那般恐怖，那般令人厌恶，如果不是家人一直包容，也许没人愿意和她在一起。说起过去经常对孩子吼叫，这位妈妈流下悔恨的泪水。

怒吼之下，无非收获两种孩子：一种极为暴躁；一种极为懦弱。但无论是哪一种，都不该让无辜的孩子为错误的教育方式买单。有个词叫“覆水难收”，对孩子吼叫造成的伤害，不是用多少爱就能够弥补的。

写给父母的话

与孩子拟定不吼叫的“君子协议”。

过去的就让他过去，重要的是当下该怎么阻止自己已经形成的吼叫习惯。其实可以让孩子一起参与进来，和父母一起制定一个不吼叫的“君子协议”。

比如，和孩子商定：“爸爸妈妈以后会尽量改掉对你大吼大叫的毛病，但这总需要一个过程，当爸爸妈妈再次忍不住对你大叫时，你要勇敢地站出对我们说：‘爸爸 / 妈妈，你好丑。’这样一来，爸爸妈妈就知道必须控制自己的情绪了。”

让孩子知道，父母其实也非常想改掉爱吼叫这个缺点，这样就能在孩子心中重新建立起对父母的信任，提升亲子关系。

情绪失控前，把眼睛闭上

人一旦情绪失控，无论看到谁，都想狠发一顿牢骚。所以，感觉自己的情绪即将失控时，先把眼睛闭上，眼观鼻，鼻观心，跟着呼吸的节奏放空思绪。只需要十几秒，糟糕的心情就能平复很多。

陪孩子时，放下手机

孩子无论多大，在父母面前总想引起关注，如果这时，父母只盯着手机看，孩子就会想方设法去“打扰”，但是被打扰或被打断，都会引起人的不满。所以，在陪孩子的时候，一定要把手机放在离自己远一些的地方，好好和孩子一起享受亲子时光。

世间父母总说“一切都是为了孩子”。那就为了孩子，忍住暴脾气，忍住怒吼，最起码在孩子面前，去做一个理性、和善的人。

Chapter five

纠正孩子之前要做什么

静下心来仔细想一想，当我们做错了事，内心很难过很愧疚的时候，又收到一堆批评，会不会更加委屈？这时候，我们需要是被理解和接纳，而不是指责。那么，对孩子也一样，在我们纠正他的行为前，不妨先去接纳他的感受。

场景回放

妈妈分给哥哥和弟弟一人一块儿蛋糕，结果弟弟的不小心掉了，弟弟伤心地哭个不停。妈妈就对哥哥说：

妈妈：快把你的分一点给弟弟。

哥哥拒绝道：

哥哥：不！这是我的。

妈妈生气地说：

妈妈：你没看到弟弟的已经不能吃了吗？你是当哥哥的，要让着点弟弟，何况平时妈妈怎么跟你说的？要懂得分享。

哥哥也生气地说：

凭什么哥哥就得让着弟弟？我也不够吃。

哥哥

妈妈抱起弟弟，说：

妈妈

你一点也不懂事。

案例分析

当孩子的行为有些出格，比如说谎话、夜里尿床、丢东西、故意讨人嫌、与大人唱反调的时候，大部分父母会直接指出孩子的错误，然后进行纠正。

比如，孩子追着妈妈，哭着说：“妈妈，你别走，我不让你走。”

妈妈就生气地说：“你这孩子，怎么这么不懂事？我不上班怎么挣钱给你买吃的喝的？”

孩子说了谎话，妈妈会立刻板着脸说：“说谎话会被警察叔叔带走，你再撒谎试试。”

面对孩子的种种“不乖”行为，大多数父母习惯先严厉地否定和训斥，甚至用威胁的口气要求孩子改正。但事实证明，接下来的日子，孩子依然会追着妈妈哭喊，该撒谎还是会撒谎。因为孩子的情感不被了解，也不被认同，糟糕的情绪无处疏通，于是内心一次比一次惶恐不安，行为上错上加错。就像有人说的：“不被了解才是人一切痛苦的根源。”

通常，爱黏人的孩子，多数缺乏安全感；总说无聊的孩子，想引起父母的关注；孩子撒谎，害怕被严厉地批评……孩子每一个不当行为的背后，都是某种情绪在作怪。如果父母能先接纳孩子的这些感受，就等于给孩子打开了一条释放情绪的安全通道。

本来计划去野餐，临行前却下起了雨，儿子涵涵很不开心，嘴里一直嘟囔着：“我就要去，说好了的，我不管，就要去。”

爸爸抱起涵涵，说："儿子，你一定很失望吧？"

涵涵点点头："我不喜欢下雨。"

爸爸也点点头："的确，这该死的雨来得真不是时候，还越下越大。"

涵涵看着外面的雨，无奈道："真的是越来越大了。"

沉默片刻后，涵涵说："那就不去了吧。"

"你一定很难过。"简简单单的一句话，不需要加任何前提，不需要了解太多，也不用批评和建议。当孩子听到，父母了解他此时此刻的心情，清楚他内心的感受时，孩子会有一种如释重负的轻松感。因为一下子被人理解，就像在戈壁滩上找到了同类，所有的紧张和不安都被心安、轻松、愉快、希望、自信所替代，这时，孩子再去听任何建议，都是听得进去的。

所以，当孩子再出现某些小状况时，别急着去纠正，耐下心来接纳孩子的感受，与之共情，建立情感连接，等孩子放松下来，再批评教育会更有效果。

写给父母的话

从"你很+（孩子情绪）"开始与孩子建立共情。

想尽快让孩子知道父母认同他的感受，可以用"你很＋（孩子的情绪）"作为开口句式。

比如：孩子气愤的时候。说："你很生气，是不是？"

孩子哭泣的时候。说："你很难过，对不对？"

孩子撒谎后。说："你很担心，是不是？"

以孩子撒谎为例，孩子常会点头作为回答，接下来需要继续认同孩子的感受："我知道，你一定担心极了，能具体说说，你担心什么吗？妈妈很想知道。"

孩子或许会犹豫，但父母对他情感的认同已经使他的情绪得到缓解，沟通的渠道也已建立起来。所以，多数孩子犹豫之后，会说出具体原因。当孩子说明原因后，有的会自动承认错误，有的还需要父母稍微引导一下。总之，能否与孩子进行有效沟通，关键就在开口的第一句是否能直击孩子的感受。

对于特别小的孩子，先拥抱

当三岁以内的孩子闹情绪时，开口第一句可以这样说：“来，让妈妈抱一抱。”然后把孩子抱在怀里，什么都不用说，直到孩子情绪稳定后再说。对于三岁以内的孩子来说，拥抱就是对他最好的接纳和认同。

用眼睛真诚地看着孩子

眼睛是心灵的窗户，当父母用愤怒或反感的眼神看孩子时，孩子很清楚父母在否定和拒绝他。当父母用真诚并带有善意的眼神看孩子时，孩子就会感受到，父母很爱他，并且十分理解他。所以，不论孩子做了什么，都请用真诚并带有善意的眼神去注视他。

Chapter five

鼓励孩子也是一门艺术

当孩子坚持不下去了，哭着闹着说要放弃，父母最常说的是：“你再坚持一会儿。”很多人认为这样说，是在给孩子打气，是鼓励。可只有坚持不下去的人，才能体会到这句话有多无情，有多冷漠。

场景回放

壮壮刚开始学跆拳道时很积极，可随着难度越来越大，他渐渐地产生了抵触。

一次，他一个动作练习了十几遍，还是不到位。下课后，他对妈妈说：

壮壮：我不练了，太难了。

妈妈鼓励说：

妈妈：儿子，我知道你是好样的，坚持坚持就好了。如果练不好就多练几遍啊，学什么不都得坚持吗？

壮壮眼里含着泪花，噘嘴说：

壮壮：妈妈，我……我……

案例分析

当孩子表达想要放弃，前期一定坚持过，可能努力了很久，却还是不得不选择放弃。这时候，孩子的感受、情绪和信念已经站在了濒临崩溃的点上，孩子最需要的是有人能理解他的痛苦，帮他从这个痛苦中挣脱出来。可父母的一句“你再坚持一会儿”，听起来就是命令，命令他不允许有任何别的想法，是没有退路的，只能继续承受那份痛苦，这让他难以接受。

于是，我们看到，那些长期被父母要求坚持的孩子，眼中黯淡无光，少言寡语，性格冷淡、孤僻，也不喜与人接触。

比如，挑选兴趣班时，孩子期待满满。可学着学着，就不喜欢了，想放弃了，这时候父母站出来说：“不学不行，你看你们班里的同学都有特长。而且，当初是你说要学的，不管多辛苦，你也得坚持下去。”孩子沉默后，父母以为自己的说教达到了目的，可实际上，孩子只是暂时妥协，或者懒得再征求父母的意见。大一点的孩子可以选择破罐子破摔，小一点的孩子就会持续与父母产生情绪对抗。

有人说：“人类的情感若不能共通，那所有的鼓励之言都是敷衍的，虚伪的。”孩子说放弃，是无奈之举，因为放弃的前提是他在哭，为何而哭？这才是放弃的关键。

在一组少儿乒乓球比赛上，一个小女孩儿因为屡屡失误，跟对手拉开的比分越来越大。眼看就要输了，她哭着对远处看台上的父母说：“我不想比了！”

远处的父母纷纷站起来，妈妈喊道：“宝贝，看爸爸！”爸爸给了女儿一个飞吻，然后就跳起了舞，舞蹈跳得很滑稽，最后还给女儿竖了个大拇指，女儿顿时破涕为笑。

女孩儿擦干眼泪，继续比赛。虽然最后比赛输了，但她并未因此放弃对乒乓球的热爱。

重点不是孩子要放弃，而是为何而哭。聪明的父母都知道，无营养的鼓励和安慰等于对孩子的二次伤害。当孩子因为不能赢而哭着要放弃时，是“输”这个概念在不断给孩子制造心理压力。作为父母，应当第一时间给孩子解压，让孩知道，输赢不是重点，保持健康、快乐的心态才是最棒的。

写给父母的话

与其说“坚持”，不如说“相信”。

当孩子哭着说不想学钢琴了。父母可以说：“我想你一定是遇到了困难，才会这么说。但这个困难对你来说只是暂时的，因为妈妈相信你有突破它的勇气。”

当孩子哭着说不要往上爬了，爬山好累呀！这时，父母需要停下来陪孩子休息一会儿，然后说：“你有很多种选择，你可以停下来，也可以回到山脚，但爸爸相信你有继续向上爬的毅力。”

“坚持”是让正在痛苦中的人继续付出，而“相信”是一方在给另外一方输送内在的动力。所以，当孩子坚持不下去的时候，最合适的语言是：“我相信你”。

给孩子看相关视频

孩子坚持不想上兴趣班，可以先默许孩子的要求，然后在短视频平台多搜一些跟兴趣班相关的视频。比如孩子学的是舞蹈，那就搜关于舞蹈的小视频，当孩子看得多了，自然会重燃对舞蹈的兴趣。

故意犯错给孩子看

孩子学奥数学到一半，死活不肯学了。父母就可以当着孩子的面写写奥数题，然后故意漏出破绽，当孩子看到那些问题时，就会忍不住上前指导。能指导父母，会让孩子有很大的成就感，而这份成就感就会变成鼓舞孩子继续学习下去的动力。

Chapter five

孩子哭闹要挟如何应对

没有几个父母能忍受孩子的哭闹，为了能尽快终止孩子的哭声，父母最常用的方式就是拿零食哄。时间久了，孩子就懂得了哭闹可以有零食吃，把哭闹变成了威胁父母的手段。这样做会给孩子带来诸多危害。

场景回放

玩滑滑梯时，航航与一个小朋友发生争执，航航因为说不过人家，就大哭起来。虽然对方孩子的父母道了歉，但航航就是不依不饶地哭。于是，妈妈说：

妈妈：别哭了，我带你去吃肯德基。

航航听了立即不哭了，嚷着说：

航航：我要吃冰激凌，我要薯条。

为了不让他再哭，妈妈只好答应：

妈妈：好好，妈妈给你买。

案例分析

试着回想一下，从孩子能自由饮食开始，是不是只要孩子一哭闹，父母就会用零食进行安抚？

比如，自己正忙着呢，孩子哭闹起来，父母就拿出孩子平时爱吃的零食，说："儿子，你看这是什么？如果你不哭，妈妈就把这个给你吃，好不好？"于是，孩子不哭了。

再比如，自己心情不好的时候，孩子突然哭了，你觉得哭声甚是烦人，为了让孩子立刻安静下来，便再次用零食安抚孩子，孩子又不哭了。

于是，今后但凡孩子哭，父母就常常用零食哄。尤其在一些公共场合，为了防止孩子闹小情绪，父母会在随身的手提包里放上孩子爱吃的各种小零食，以备不时之需。

这样做，确实对安抚孩子情绪方便了很多，毕竟孩子在零食面前是毫无抵抗力的。但是，一时方便的背后，永远隐藏着巨大的隐患。长期用零食哄孩子，那孩子将来很可能会成为一个暴饮暴食者。

儿童时期，孩子特别喜欢玩玩具，但时间一久，旧的玩具就无法再满足他的心理需求，于是就需要新的玩具。可这时候，父母常以为孩子就是贪玩，因而拒绝孩子，然后用零食"堵"住他的哭闹，可同时也堵住了孩子正常的心理发展。

长时间换着花样的零食刺激，会使孩子的食物中枢越来越发达，其表现就是孩子越来越贪吃。结果，严重影响了其他中枢的正常发育，孩子随着年龄越来越大，体型逐渐肥胖，智力渐渐愚钝的特征也越来越明显。更可怕的是，今后孩子只要一不开心，首先想到的就是吃，因为吃是最方便最速效让自己得到安慰的方式，也只有吃，才会让他感到满足和快乐。

有些孩子不爱吃饭，每次吃上一两口就哭闹着不吃了。父母担心孩子饿着影响长个和健康，于是给孩子备下一些零食。有的父母也担心零食不健康，于是会给孩子买些现做的糕点。殊不知，再新鲜的糕点，里面除了淀粉和糖分，并没有什么营养价值，长期以此取代饭菜，同样会影响孩子的健康和发育。

有的父母，见不得孩子一吃药就哭，于是自作聪明，用零食伴着药一起喂给孩子。可很少有人知道，一些零食中会带酸性，也有一些零食含药理成分，很难保证这些零食不与某些抗生素发生反应。

总之，孩子一哭，就用零食安抚孩子的方式，非常不妥当，且会给孩子造成很多可怕的后果。而且，当孩子知道，只要哭，就能得到想吃的零食时，他就会利用哭，去换来自己想要的一切。那些在商场撒泼打滚的孩子，就是最好的例子。

写给父母的话

给孩子哭的机会。

不管清不清楚原因，只要孩子哭了，就让他把情绪宣泄完。当父母能心平气和地接受孩子的哭闹，才能保持头脑清醒，做出一些更理智的判断。况且，孩子大部分的哭闹是因为一些小事，只要父母情绪不失控，就不会只想着用零食去哄。作为父母，第一件事就是不惧怕孩子哭闹。

所以，当孩子哭时，尽可能平静地看着他，不要带任何情绪。当孩子发现，他的哭闹并不能引起父母的任何反应时，渐渐地也就恢复平静了。

孩子哭，只是表象。当孩子停止哭泣，稳定情绪后，父母要语气柔和地询问孩子：“能告诉妈妈，是怎么一回事吗？”去了解孩子哭背后真正的原因，父母才有办法帮孩子走出情绪低谷。

用新鲜水果代替零食

孩子哭的时候，如果一定要用食物来转移注意力，就用水果来代替零食。但是要等到孩子哭声减小的时候。而且要用新鲜的水果，而不是果汁，因为果汁糖分太高，也容易让孩子联想到其他饮料。所以，最好用整个的新鲜水果。

Chapter five

肯定式沟通你会吗？

肯定包含的意义有理解、认可、尊重以及关爱。沟通时，父母先肯定孩子的要求，就等于肯定孩子本人，接下来的沟通就会顺利很多，孩子也会更愿意接纳父母的意见。

场景回放

回家的路上，路过一家玩具店，小凯看到橱窗里的一个机器人，特别喜欢，就对妈妈说：

小凯：妈妈，我想要这个。

妈妈想想家里成箱的玩具，赶紧拉着小凯走开，边走边说：

妈妈：不行，家里的玩具太多了。

小凯挣脱妈妈的手，说：

小凯：妈妈，我就喜欢那个，家里没有机器人。

妈妈火了，说：

妈妈

每次出门都买玩具，你再这样，以后不带你出门了。

可小凯很犟，坐在玩具店门前，各种耍赖，不肯走。最后妈妈苦劝无果，只好给他买了。可玩具拿回家玩了一天，小凯就没兴趣了。

案例分析

对于孩子的要求，简单的或者轻而易举就能做到的，父母自然能爽快答应。但是，有时孩子的要求会令父母有些为难，既然为难，肯定是不能答应的。于是，有些父母就采用商议的方式，但话里话外给孩子传播的信息就是“不行”。结果越磨，孩子情绪越激动，最终不是父母妥协，就是孩子边哭边追着父母跑。

另有一些父母认为，这时候最没必要与孩子商量，因为越商量，孩子越寄予希望，最后越难收场。不如就当场拒绝孩子的要求，用不容商议的态度压制住孩子。

这两种方式，虽然看上去是在解决问题。但是用得久了，副作用也就出来了。比如，用哭达到目的的孩子，越哭越凶，而且花样百出；被父母强势压制的孩子，越来越懦弱、胆小、消极和不善表达。

既然这样也不行，那样也不行，到底该怎么办呢？

其实，当孩子的要求过于苛刻，令人为难时，不答应是对的。但不答应就代表着要否定孩子的要求，而否定本身就令人不愉快，如果再直接用否定式的沟通方式去跟孩子说，那就是双重打击，传递给孩子的信息就是：“我是不值得被爱的”。面对这样的结果，换成谁，也不好接受。

因此，在打消孩子念头的同时，父母也要尽量降低对孩子的伤害指数，先让孩子知道，他是值得被爱的。要做到这一点，就必须先表示对孩子的肯定。肯定并不是答应孩子的要求，而是先肯定孩子的意愿。

兮兮贴着墙直直地站着，就是不肯到妈妈那里，她哭着说：“妈妈，我不要打针，我怕。”

妈妈看出女儿态度很坚决，于是说："好，我们不打针了。走，咱们回家。"

当妈妈和兮兮出了诊所门后，妈妈说："一会儿再肚子疼，你能忍住吗？"

兮兮愣住，她想起之前肚子疼时的难受劲儿，委屈道："可是，我怕打针。"

妈妈说："好，那就不打，你能忍受那股疼劲儿就行，走吧。"

谁知，兮兮又弱弱说道："妈妈，那还是打吧！"

先肯定孩子的要求，等于告诉孩子你们是统一战线的伙伴，伙伴之间最大的有利条件就是信任。信任一旦建立起来，之后再委婉地表示一些"遗憾"，也许孩子依然有些难过，但是，父母的肯定已然给了他极大的安慰，而那些不可抗拒的外力因素，是连父母都没办法的事情。于是，孩子心里就回荡起一个声音："就这样吧！"

让孩子自动打消念头，远比父母妥协或强迫，更能保全孩子的尊严。而且，用肯定的方式与孩子沟通，有助于扩展孩子的思维，帮助孩子跳出自我，学会多方面考虑问题，并逐渐地学会体谅父母。

写给父母的话

肯定越及时，越爽快，越好。

用肯定式与孩子沟通时，无论孩子提出什么样的要求，哪怕非常离谱，也要迅速做出反应。

比如，孩子满怀期待地说："爸爸，你带我去月球好不好？"

如果爸爸这时候犹豫，或者说："去不了，爸爸没那个本事。"孩子一定既失望又难过。

如果爸爸这样说："好呀！爸爸也想上去转转。"

肯定越及时越明确，孩子的满足感越大，进而欲望和执念的消除也会越迅速。这时，爸爸再说："可是爸爸没有开火箭的许可证，等爸爸将来考下来，或者等你长大了考航天员，你带爸爸去呀！"

孩子拍着手满心欢喜地说："好呀好呀！"

也许孩子年幼听不懂，但父母的及时肯定，也为孩子注入了一个伟大的梦想。这就是肯定式沟通延伸出的潜能和魅力。

要求互换

当妈妈正在忙的时候，孩子突然提出要求。比如，妈妈正在刷碗，孩子吵着说要去超市，妈妈可以说："宝贝，要去超市没问题。但是你看，妈妈正在刷碗，而且必须要刷完。要不，你来把碗刷了，妈妈去超市，怎么样？"大部分孩子听妈妈这样说，就会打消念头。

给孩子提供选择的机会

但有些执念深的孩子会说："我不，我要和妈妈一起去。"这时妈妈就可以提要求了："妈妈可以给你两个选择，一个是你来刷碗，妈妈去超市；另一个是，等妈妈把碗刷完，咱们一起去。你要选哪个？"当孩子知道，他只有这两个选择时，权衡之下自然会选择第二个，而且也不会有太多情绪。

Chapter five

小纸条，大作用

很多时候，短短几行文字比费劲口舌的说教更能让孩子听话。如果父母没把握不发脾气，为了避免引发冲突，那就给孩子写一张便条吧。

场景回放

在毛毛刚认识一些字的时候，爸爸就开始给他留便条。

当毛毛的字写得太大时，爸爸在他的书桌上留了一张便条：

爸爸：请把作业本上的字写小一点，太胖了不好看。

当毛毛晚上总是不愿意刷牙，爸爸在他的牙缸上贴了一张便条：

爸爸：宝贝，你的牙齿很喜欢在9点的时候，洗泡泡浴。

当毛毛总喜欢在沙发上蹦跳，爸爸给他留的便条上写着：

爸爸：沙发今天偷偷跟我说，你在他身上跳的时候，他的身体很疼，能不能请你轻一点？

案例分析

若想提高孩子的情商，让孩子拥有一个好性格，最好的办法是减少冲突。据国学大师梁漱溟回忆，他的父亲就总是用一种无声胜有声的方式，化解父子之间有可能会造成矛盾的事情。

那年，梁漱溟九岁，他因为找不到自己好不容易积攒下来的一串铜钱，而大发脾气，到处寻人就问。第二日，他见父亲时，父亲将一张纸条塞到他手中，上面写着：有个小孩自己把钱挂在树上，却到处寻找，与别人吵闹。

梁漱溟收起纸条，赶紧去树下寻找，果然看到那串铜钱安好地挂在树上。他顿时觉得面红耳赤，不好意思起来。

作为我国著名的思想家、哲学家以及国学大师，梁漱溟老先生曾说，父亲的教育方式对他的影响是非常深远的，父亲总是用一些巧妙的提醒或暗示之法，启发他去主动思考，自我反思，激发自身的自觉性，主动去做正确的事。

为什么便条与文字的结合比口述的教育方式更有效果呢？

首先这种不直接面对面的交流方式，是对孩子自尊心的一种保护，可避免激化情绪，也不会出现口不择言的意外情况；其次，不用面对面听父母训斥，对孩子来说也是件高兴的事；再者，便条就如同第三方转述，比较客观，更容易引人深思，这就是文字的魅力；最后，孩子也会觉得便条形式的交流方式非常有趣、好玩，心里不抗拒，自然更好接受。

写给父母的话

便条不是训条，要简明有趣。

父母在写便条时，目的是引导孩子去做一件正确的事，而不是训斥。所以，写便条要用正面词汇，将事件表达清楚，简明扼要就可以了。如果能添加些幽默感，会更好。

比如，一位父亲在马桶圈上贴了一张纸条，上面写着："马桶圈一抬，鸡毛掸子没处来！"看到这个便条，一向总是忘记抬马桶圈的小家伙，从此再也没忘过。

一位妈妈在放有雪糕的冷冻层贴上了一张便条，上面写着："求牢记！我虽然好吃，但吃多了肚子疼。一天一个哟！"便条上还画了一幅小孩捂肚子的简笔画。于是，爱吃雪糕的孩子们自觉地做到了一天一个雪糕。

随时更换便条

昨天，妈妈在餐桌上贴了张小兔子的便条，写着：小兔子爱吃胡萝卜，所以白白的特别可爱。而餐桌上正好有一盘胡萝卜，孩子吃得最多；今天，餐桌上又换了个张小猫的便条，上面写着：爱吃鱼的小猫聪明又机灵。孩子看到后，开心地吃了很多鱼肉。

随时更换便条的颜色、形状和内容，孩子会觉得非常有趣，像一场游戏，而且对孩子还有暗示作用。

用信件说出心里话

女儿因为多年好友要转学，郁郁寡欢了多日。妈妈知道这时候对孩子说什么，她也不见得能听进去，于是给孩子写了一封信，放在孩子的书桌上。第二日，孩子出来时，脸上神情明显轻松了不少。

有人说："想要对一个人播种思想，就用文字，因为文字似水如月，宁静而能达理。"

Chapter five

如何教孩子正确表达自己的情绪

孩子的自控力很弱，遇到生气、难过的事，就容易情绪过激，用哭闹、甚至暴力来发泄。父母不仅要引导孩子认识情绪，更要引导孩子用正确的方式表达情绪，学会为自己的情绪负责。

场景回放

妈妈给小坚买了一个功能很强大的文具盒，小坚当日就带去了学校。他把文具盒拿出来给同学们看，但是又不许同学们摸。可一个同学却趁他不注意时拿了过去，他立即大叫：

不许碰！我说了不许碰！

糖糖

对方可能是吓坏了，一松手，结果文具盒掉到了地上，里面的文具撒了出来。

抢文具盒的同学立即弯腰去捡，并对他说：

对不起。

同学

小坚却一把把他推倒在地上，自己也坐在地上哭起来。

案例分析

孩子在一点一点长大，内心的感受和情绪也变得越来越丰富，体会到了什么是高兴、兴奋、难过、愤怒、害怕、担心、自豪等等。然而，拥有丰富的情绪体验是一回事，能否将这些情绪正常表达出来是另外一回事。有些孩子就因为突然而至的情绪没有得到及时疏导，引发了很多不可控的场面。

比如，别人不小心碰到了自己好不容易搭起来的高塔，便伸手就去打那个破坏者；手里的冰激凌刚吃一半就掉在了地上，气得直跺脚，还把另一半扔地上"解气"；父母不给自己买心爱的玩偶，就趴在地上哭闹不起……

以上看似是孩子在无理取闹，其实是因为孩子无法正确表达自己的情绪。但是，有些父母总以为孩子是沾染了不良习性，便采用说教或批评的方式，并立下规矩，要求孩子改正。可错误的方法，永远不可能将孩子引去正确的方向。孩子还会因为父母不理解，情绪无法正确释放，而积压起来，失去对父母的信任，同时影响心理健康成长。

当孩子能很好地把情绪完整地表达出来，让情绪得以释放，孩子才能有多余的内部力量调整自己的行为，管理自己的情绪。

媛媛看到琳琳头上戴着一个非常漂亮的蝴蝶发卡，说："你的发卡真漂亮，能拿下来让我看看吗？"

琳琳说："不行，你万一给我弄坏了怎么办？"

媛媛说道："我会很小心的，如果你还是担心，就算了，只是我心里会有些难过。"

琳琳想了想，说："好吧！就让你看一会儿。"

媛媛点点头，她拿着发卡，小心翼翼摸着蝴蝶的翅膀，但很快就还给了琳琳。

一个会表达情绪的孩子，内心总是充满力量的。他能明确感受到在当时的环境下，心里是悲还是喜，然后根据这些感受判断自己接下来的行为，该怎么做会更好。

写给父母的话

引导孩子主动说出内心的感受。

想教会孩子正确表达自己的情绪，父母需要与孩子先建立一个好的沟通渠道。而这个渠道就是打通孩子内心，引导孩子明确表达内心的感受的通道，让孩子学会辨认内心的感受是怎样的情绪。

苏苏陪爸爸散步，走着走着就站在原地不动了，嘴里喊着："我不走了，不走了。"

爸爸蹲下来问："是不是要爸爸抱你？"

苏苏点点头，爸爸说："苏苏，下次再遇到这样的情况，就直接对爸爸说：'爸爸，我想你抱我一下。'你现在试着说一次。"

苏苏说："爸爸，你能抱抱我吗？"

爸爸把孩子抱起来，苏苏脸上立刻有了笑容。爸爸接着说："苏苏是不是累了，所以需要爸爸抱抱？"苏苏点点头，爸爸继续说："爸爸很爱你，以后你心里有什么感受，要告诉爸爸，这样爸爸就知道要怎么帮你了。"

苏苏点点头，说："爸爸，我记住了，苏苏心里现在很开心，也不累了。"

孩子心里有情绪的时候，比起怎么解决事情，更重要的是引导孩子准确表达内心的感受，正确释放情绪。过去那些看似失控的画面，是因孩子不知道该怎么向父母表达情绪。当孩子可以有效表达出情绪，并得到父母积极的回应时，孩子对这一刻的情绪就有了很好的了解和掌握，心中的自信感也会增加。

父母在孩子面前表达情绪

当你躺在沙发上休息，但孩子却要拽着你一起玩玩具的时候，父母可以这样说："我现在很累，所以才躺在沙发上休息，如果你现在拽着妈妈去陪你玩，妈妈就没办法休息了，会很不开心。”当孩子准确接收到父母的情绪，不仅会理解父母此时的感受，当自己遇到事情时，也会通过这样的方式表达出来。

把不开心的事或开心的事写在日记本里

大一点的孩子，喜欢将自己的情绪压在心里，时间久了，于身心不利。父母可以给孩子买一个带密码的笔记本，然后告诉孩子，以后遇到无法发泄的事情后，就把它写在日记本里，有什么写什么。鼓励孩子尝试几次，孩子会发现，这个发泄情绪的方法，当真非常好。

作为父母，总想把最好的给予孩子，但真正对孩子好的，往往是那些内在的东西。耐下心来，静静听一听孩子内心真正的需求。让孩子学会疏导情绪，才是给孩子的又一个无比珍贵的恩赐。

第六章

行为有边界，孩子更有专注力

蒙台梭利曾说过：“除非你被孩子邀请，否则永远不要去打扰孩子。”父母看似好心的关心，其实是对孩子专注的破坏。当孩子进入一个自我的状态时，无论是玩，还是看书，又或者是发呆，父母一定要保持边界感，不中途插手、参与。

Chapter six

不打扰，才能让孩子更专注

父母不去打扰，孩子才能高度集中注意力，把心思都用在作业上。高度集中，不仅会提高孩子的思维灵敏度，还会强化孩子的记忆，以及做事的专注度。而且，安静的环境，高度集中的注意力，还会让孩子感到放松，感到快乐。

场景回放

莹莹正在写作业，一会儿，妈妈端过来一盘洗好的葡萄，说：

妈妈：你一边吃一边写。

过了一会儿，妈妈又递过来一杯温水，说：

妈妈：多喝点水。

又过了一会儿，妈妈说：

妈妈：晚饭快好了，你写快点儿。

莹莹：妈妈，你别再跟我说话了，这道题我都做了半个小时了。

案例分析

法国生物学家乔治·居维叶说过：“天才，首先是注意力。”如果孩子不能集中注意力，会严重影响学习的质量和效果。写作业的时候，父母的各种打扰，正在破坏孩子学习的专注力。

当孩子正在阅读短文，读到一半的时候，妈妈突然推门而入，孩子扭头再回头的功夫，糟了，要表达的是什么意思来着？好像忘了什么关键性的词语……又需要重新读一遍，可又懒得读了。

孩子正在解题，父母一会儿进来帮他收拾下衣服，一会儿进来扫扫地，一会儿又进来看看还缺什么。父母以为自己轻手轻脚没有打扰到孩子，其实从父母接近孩子的那一刻，孩子的思绪就已经断片了，原本半小时就能做完的题，可能要花一个小时，甚至更长的时间才能完成。

还有一些父母，喜欢陪着孩子一起写作业。理由也是各种各样：孩子不会的题，可以及时指导；孩子写作业拖拉，不好好看着他，就各种小动作；看着孩子写作业，字会写得工整，不看着，字会写得跟蜘蛛网一样……对此，网上的段子也是数不胜数，无数人看的是热闹，却很少有人深思，父母的陪伴正在无形中给孩子造成影响。

父母越盯着，孩子手中的笔越慢；

父母越盯着，孩子愣神的工夫越长；

父母越盯着，孩子的题越错得离谱；

如果真的关心孩子，为孩子好，就别再去打扰孩子写作业。有的父母说：“如果不看着，他就胡乱写一通，然后去交差。”这是孩子的学习心态出了问题，父母需要做到对症下药，才能把问题一个一个解决好。而现在，首先要做到的是，别再打扰孩子写作业，也别再陪着孩子写作业。

写给父母的话

孩子不说需要时，父母不要问。

著名教育学家蒙特梭利说过："父母除非被邀请，否则不要轻易打扰孩子。父母要为孩子打造一个以他们为中心的世界，让他们可以心无旁骛地做自己。"因为持续性地打扰或打断，会严重破坏孩子的专注力。

很多时候，不是孩子需要父母的陪伴，而是父母觉得孩子需要。这种想法虽然出于爱，但会给孩子造成负担和压力。所以，放下这种念头。孩子放学回家后，只需要问候。

当孩子说："妈妈，我先去写作业了。"这时父母要做的是保持安静和远离。当孩子想寻求父母的帮助时，他会主动来找，父母不要刻意去询问或查看。总之，要牢记一点，孩子没有表达需求，父母就不要打扰孩子。

不要大声走动

孩子写作业的时候，家里人最好不要大动作跑跳或走动，因为大幅度走路的声音就像钟表哒哒哒在转动，会让人莫名觉得紧张和烦躁。所以，走路要轻一些，更不要在孩子写作业的房间外频繁走动。

不进入孩子学习的房间

孩子在房间里写作业的时候，不要进去，轻手轻脚不行，敲门更不可以。别担心孩子当时写不好字，或不认真写。当孩子安静地独处在一个空间里时，他的大脑是在飞速运转的，而且他也明白，作业写不完，是不能出这个屋子的。所以，孩子首先会把作业写完。

当孩子写完作业后，父母才可以帮孩子检查，然后对孩子的学习态度做出引导。孩子修改作业时，父母也不能做任何打扰和陪伴。慢慢地，孩子就知道，他对待作业必须认真，否则会花更长的时间放在修改作业上。

Chapter six

这个时候，千万别抱他

看到孩子刚睡醒，没有哭闹时就立刻抱起来，不仅会破坏孩子的专注力，还会让孩子养成过度依赖父母，容易情绪化的习惯。

场景回放

妈妈从厨房出来的时候，发现女儿已经醒了，正在用黏土捏娃娃。妈妈说：

妈妈：先放下，去洗洗手，吃完饭再玩。

女儿拒绝，说：

女儿：妈妈，我不想吃。

妈妈反而用诱惑的语气说道：

妈妈：妈妈可做了你最爱吃的虾饺和南瓜粥，你难道不想尝尝吗？

孩子一听，立刻把手里的东西扔下。吃完饭后，妈妈说：

妈妈：你接着去捏娃娃吧。

女儿却说：

妈妈，我不想捏了。

女儿

妈妈摇摇头，无奈地说：

妈妈

好吧，那你去玩别的吧。

案例分析

当孩子醒来，安静地躺在床上，看看自己的小手，蹬蹬自己的小脚，偶尔嘴里吐着小泡泡，或者眼睛滴溜溜地东张西望。这时候孩子之所以没有哭闹，说明他有一定的安全感，他在用自己的方式感觉周围的一切，包括认识自己的身体，专心体会眼睛看到的，耳朵听到的，以及身体各部位碰触到的。他对周围的一切都感到好奇，在用自己的方式去解读，在思考，在变聪明。这时候，父母不去打扰孩子，就是在保护孩子的好奇心、探索欲和专注力，让孩子自然而然学会去专注一件事。

如果孩子真的需要父母，他会在醒来的那一刻哭泣，或者从专注中回过神来时用哭泣给父母信号。那时，父母才需要及时出现在孩子眼前。

写给父母的话

发现孩子睡醒了，先观察，再决定怎么做。

当父母发现孩子睡醒了，先不要走近，站在远处仔细观察。如果孩子没有哭闹，而是挥舞着小手，咿咿呀呀，那说明孩子适应力很强，很聪明，正在自己观察和感知周围的一切。这时候，父母可以在远处静静看着，不要做出任何能打扰到孩子的举止。

如果孩子真的需要人关注，他的哭声会越演越烈。这时候，父母再出现在孩子面前，但不要立刻把孩子抱起来，先用拍背和说话的方式，安抚孩子的情绪，缓解孩子的焦虑。如果这个方法并未降低孩子的哭声，就可以把孩子抱起来了。

可以给孩子房间安装一个声控摄像头

如果父母控制不住要去抱孩子的冲动，可以给孩子的房间安装一个旋转声控摄像头，这样就可以在不打扰孩子睡眠的情况下，随时观察孩子的动态。父母可以通过摄像头看到孩子睡醒后各种有趣的画面，这也会有效安抚初为人父母时带来的焦虑感。

多看书

初为人父母时，多给自己备下几本书，尤其是备些自己感兴趣，能安抚心灵的书籍。多看书，可以降低焦虑感。也可以给自己准备些育儿类书籍，通过阅读，你会发现，对孩子的很多担忧，都是因为“爱”过了头。

给自己找些事情做

当孩子醒了之后独自玩耍时，父母可以先给自己找点事做。比如，安静地看会儿书；戴上耳机听听音乐；闭目休息会儿。我们的目的很简单，就是让自己忙起来，这样就不会总想着去“问候”孩子了。

Chapter six

孩子专心玩耍时，不轻易打断

生活中，很多父母都会犯同一个错误，就是当孩子在专心玩的时候，或者玩耍时遇到问题的时候，总会忍不住去充当一个“打扰者”的形象。父母以为是在关心和帮助孩子，其实是帮了倒忙，不仅破坏了孩子的专注力，孩子还一点儿也不领情。

场景回放

在公园玩的时候，小团子要上一个比较高的台阶时，爸爸一把就将他抱了上去，谁知小团子走了没几步，就趴着滑下台阶，要重新上一次。爸爸问他：

爸爸：小团子，你怎么又下来了？

但小团子并没有理会爸爸。之后，小团子要玩一个挺高的滑滑梯，但需要上很多高台阶。爸爸看到后，又一次直接就将他架了上去，说：

爸爸：来，爸爸帮你。

谁知小团子并没有直接玩滑滑梯，而是开始一个一个地下台阶，下完台阶之后，又嘿呦嘿呦地往上爬。

案例分析

注意力时长是指孩子在不分心的状态下关注一件事情时所用的时间长短。心理学家认为，注意力时长久的人，更容易成功地去完成目标。在良好的成长环境中，孩子的注意力时长是随着年龄增长而增长的，小孩子的注意力时长有时只有几秒钟。幼儿时期，孩子的注意力时长大概十五分钟。但是，当孩子在做自己喜欢的事情时，注意力时长就会增加。

尤其是在玩游戏的时候，原本注意力时长只有十分钟的孩子，很可能会延长到二十分钟，甚至更久。但是，人的注意力十分脆弱，很容易被打断。如果父母在孩子很投入的时候跑来关心孩子，哪怕是脚步声，也会打断孩子，使孩子无法再继续顺畅地完成目标。

一般来说，孩子集中注意力，并进行思考、探索，以及对逻辑的分析和整理，通常是在游戏中。如果父母总是忍不住指手画脚，孩子原本可以慢慢变得更持久的注意力时长就被破坏了。

比如，孩子正在堆一座沙堡，目标是对沙堡的构型，然后孩子会一边思考沙子怎么堆放，一边尝试、一边分析和整理剩下的步骤，虽然有时也会因为突然而来的灵感，改变手法，但这也是孩子集中注意力思考中的一部分。这时候，家长突然来访，要么对孩子嘘寒问暖，要么给孩子一些建议，要么直接上手参与到孩子的游戏中。结果，孩子的注意力被完全分散了，原有的思维逻辑被全部打乱，游戏的快乐感减半，注意力时长也被缩减。

孩子玩游戏的时候，不要总打扰孩子。要知道，在游戏中，孩子才是主导。沉浸在游戏中的孩子，认知被不断拓展；孩子的想象力、手眼协调能力、创造能力，也在游戏中不断被提升；通过扮演不同的角色，孩子懂得了换位思考，懂得了照顾他人感受。

作为父母，要做的就是管住自己的身体和嘴巴，静静地观察，让游戏发挥出足够的价值。要知道，每一次游戏，都是孩子在为未来的学习和生活做准备。

写给父母的话

不随意参与孩子的游戏，是父母的智慧，也是能力。

当孩子正在玩游戏的时候，不要与孩子互动，更不要直接参与孩子的游戏。

有些父母担心，孩子初次玩游戏，不教他，恐怕会浪费很多时间，还不一定能学会怎么玩。于是教孩子画红色的花朵，绿色的叶子。可谁规定叶子就一定是绿色的，而不能是蓝色、粉色或彩色的呢？父母的固有思维只会破坏孩子的想象力和创造力。所以不要自作聪明，随便教孩子怎么玩。

不要随便介入孩子的游戏，当孩子需要父母参与的时候，要把指挥权交给孩子，听孩子的指挥，问孩子下一步要怎么做，尽量配合孩子，按照孩子的想法去做。这不仅是在保护孩子的专注力，培养专注力时长，也是在保护孩子的逻辑思维。

静默式互动

孩子在玩游戏的时候，父母如果想互动或陪伴，可以在孩子一旁静静地玩。比如，当孩子堆积木的时候，父母只需要在孩子一旁也静静地堆积木就可以了。切记不要随便给孩子建议，倘若孩子给父母建议，父母可以接受，也可以拒绝，但话不要多说。静默式互动，可以延长孩子的专注力时长。

孩子玩耍时，别在旁边刷手机

孩子玩游戏的时候，父母不要在一旁刷手机，否则你花样百出的面部表情会对孩子形成一种干扰，让孩子觉得你的手机里一定有很多有趣的事情。然后，孩子会抓心挠肺地想探头去看，根本没心思自己玩。

Chapter six

孩子沉浸于阅读时别去打扰

当一个孩子能在阅读中找到乐趣，沉浸在一个无穷大的未知世界里，全身心地进行探索的时候，不打扰是最大的尊重，也是最明智的选择。孩子能沉浸式阅读，父母应该为此感到高兴并珍惜，不应该有任何理由去干扰和打断。

场景回放

妈妈给豆豆买了一本带拼音的儿童绘本，当孩子看到绘本里的插图时，一下子就喜欢上了。刚上一年级的他，阅读显然还有些吃力。豆豆读：

豆豆：七蟀。

妈妈听到，立刻给他纠正过来：

妈妈：不对，是蟋（xī）蟀，不是qī蟀。

豆豆读：

豆豆：漏下。

妈妈立刻纠正：

妈妈：不对，是落下，不是漏下。

就这样，孩子读错几次，妈妈纠正几次，气得豆豆把书一扔，说：

豆豆：不读了！

案例分析

孩子阅读非常投入的时候，父母却在一旁帮孩子纠错，不断打扰孩子的阅读，这是非常不好的习惯。因为孩子会觉得，自己明明很努力，可收到的都是否定，读起来也不畅快，读了半天也连贯不起来。渐渐地，他心里开始烦躁，自然没有再读下去的兴趣。

孩子能够认真阅读一本书，在很大程度上会帮助孩子发育和提升语言能力，以及阅读理解能力。而且沉浸式，可以有效快速提高孩子的专注能力。

但总有一些家长觉得，自己有“责任”关注孩子的阅读。为了让孩子养成阅读习惯，或者是为了让孩子爱上阅读，有些家长经常会带孩子去图书馆。可到了图书馆之后，一些有家长作陪的孩子，却只得到痛苦式的阅读。

比如，孩子找到一本自己喜欢的书，正看得津津有味，妈妈说：“你看你什么姿势？坐正了。”

孩子没有理会，妈妈就又说：“你看的什么书？是妈妈同意你看的吗？有些书，不能瞎看……”

妈妈就这样一直碎碎念。孩子终于受不住，把书放下了。于是翻翻找找，怎么也找不到一本心仪的书。

在图书馆里，经常会出现父母对着正在看书的孩子碎碎念的情况，理由千千万万，总之是为了孩子好，却从未想过，不停打断孩子看书，不仅会降低孩子的专注力，降低阅读效率，还会催化孩子的负面情绪，让孩子变得烦躁不安。

有些父母，当发现孩子看的是跟学习毫无关系的漫画或小说时，不仅会打断孩子，还会明令禁止今后不许再看。董卿说过，读什么都有帮助，要相信“开卷有益”这四个字。不要抱着什么目的让孩子去读书，因为人生不会按照指定的内容去展现。不要随便打扰孩子阅读，当孩子的阅读方式不像大人那般循规蹈矩时，并不代表孩子的阅读方式出了问题。有时父母会发现，孩子在读书时，虽然看似沉浸其中，但是总在反复读一页，或者哗啦哗啦翻书，更甚者倒着阅读内容。

看到这样的情况，因为担心孩子养成不好的阅读习惯，父母常会纠正。其实，是因为孩子年幼，理解能力和接受能力有限，才会表现出阅读时不同寻常的状态。如果父母能忍住不去打扰孩子，等孩子阅读完后，父母再提问，孩子都能答出个一二来。所以，无论任何情况，当孩子正在沉浸式阅读时，请父母尊重孩子的种种行为，不要去打扰，以免影响孩子的阅读热情。

写给父母的话

努力说服自己，尊重孩子的阅读习惯。

说一千道一万，都是父母看不惯孩子的阅读习惯，才会百般干预、打扰孩子阅读。所以，父母要做的不是观察孩子怎么阅读，而是说服自己，尊重孩子的阅读习惯。当孩子在认真阅读时，不管是趴着，还是躺着，先不要上前提醒，告诉自己，孩子在有效阅读，这样的阅读方式让孩子感觉放松，所以不能去纠正，也不能出声打扰。

当“不打扰”形成一种习惯，父母就不会再过分关注孩子的举动。如果孩子阅读的习惯会对孩子的成长造成影响，也要等孩子阅读完之后，再与孩子沟通。

陪孩子阅读时，自己也找本书读

无论是在家里，还是在图书馆，当父母陪孩子阅读时，也找一本适合自己看的书，以阅读的方式陪在孩子身边。父母沉浸阅读不仅会引导孩子爱上阅读，也会隐形“催眠”孩子进入沉浸式阅读。

等孩子看完绘本之后，父母再介入

绘本是给孩子买的，所以要先让孩子自行把绘本看完，哪怕孩子看的是绘本上的插画，或是磕磕巴巴才读完内容。等孩子看完之后，父母再让孩子讲一讲自己理解的故事内容。最后，父母可以与孩子重温一遍绘本，认真和孩子读一读绘本里的故事。

让孩子完美地沉浸在阅读之中，当沉浸式阅读成为一种习惯，孩子就会由衷地爱上阅读，享受阅读的过程。在强化专注力的同时，也会不断开阔孩子的视野和思路。所以，当孩子认真阅读时，父母只需要做一件事情，就是安静。

Chapter six

孩子思考时，不要打断他

为人父母都希望自己的孩子优秀出众，但教育不能贪多求快，要给孩子留出足够的自我思考、自我探索的空间。当孩子专注于某项探索时，家长切不可因为没耐心或者赶时间而粗暴地打扰。

场景回放

早上，妈妈送苗苗上学。学校很近，妈妈通常都是和她走路过去。平时，苗苗一路上都叽叽喳喳，有着说不完的话。今天，不知道怎么回事，她格外沉默。

妈妈以为她有心事，就问：

妈妈：“苗苗，你是不是有什么事不开心？”

苗苗没有说话，好像压根就没听见。

妈妈再次提高声音问：

妈妈：苗苗，你怎么了？

苗苗这才回过神来，说：

苗苗：哦，没什么，我刚才只是在想，小鸟有翅膀会飞，鸭子也有翅膀，为啥不会飞？

案例分析

当孩子安静地观察某些事物时，表示孩子已进入思考模式，虽然孩子并不清楚自己思考的是什么，也未必能得出什么值得探讨的结论。但对于孩子来说，他能关注及主动思考，就有助于他将来在学习和生活上养成爱思考的好习惯。而父母不经意间的打扰，很有可能扼杀孩子的思考习惯。

当孩子学会走的时候，喜欢光着脚踩在地板上，或许是正在认真感受和思考地面的温度和触感。父母看到后，最快的反应是将孩子抱起来，给他穿上鞋袜，并告诉孩子，小脚丫若受凉，会肚子疼。这样的行为，虽是关爱，却也打断了孩子的思考。

孩子随着年龄的增长，见识、阅历越来越丰富，需要孩子思考的问题也越来越多，可父母参与的也越来越频繁。比如，当父母提议带孩子外出游玩的时候，有的父母会先问孩子："你有什么计划？"孩子正在想的时候，父母就打断道："这样好了，咱们开车去草原玩吧！"根本不顾虑孩子已经设想到一半的计划。于是以后再问孩子类似的问题，孩子只会说："你们决定吧！"不是孩子没想法，而是懒得思考了。

孩子画画的时候，本来一个人画得好好的，父母却偏要参与进来，一会儿说这里画得不好，一会儿又说要在那里填个什么。原本孩子已经思考好的画面，全部被打散，结果越画越不知该怎么下笔。可父母却还在责怪孩子恒心不足，三心二意。殊不知，是自己的打扰，令孩子注意力分散，才方寸大乱。结果，受伤的不只是孩子的注意力，还有自尊心。

当父母经常打扰孩子的思考，打断孩子的想法时，会让孩子觉得自己的想法根本不重要，自己也不受尊重。比如，当父母要求孩子提建议时，孩子会一副没有兴趣的样子，因为经常性地被干扰，会让他们潜意识里觉得，无论自己思考得多全面，都会被觉得幼稚可笑。

当孩子具备主动观察，主动思考的品质时，无论遇到多困难的问题，都更容易集中注意力去分析和解决问题。而没有主动思考力的孩子只能随波逐流，失去自我。

写给父母的话

欣赏并尊重孩子的思考，以及思考的结果。

父母一定要学会欣赏正在思考中的孩子，给足孩子思考的时间和空间，不要急于求成，不要指手画脚，更不要急着告诉孩子答案。有时，孩子思考的过程很慢，父母要有足够的耐心，安静等待。当孩子有了结果时，往往会第一时间告诉父母。这时，父母认可孩子的成绩，就等于尊重和认可孩子的思考能力。孩子受到鼓舞后，会更喜欢思考，更喜欢研究和探索。

把吃的摆在一旁就可以了

孩子陷入沉思时，父母想让孩子吃点水果，可以把切好的水果放在离孩子一米远的地方，切记不可推到孩子眼皮子底下，然后安静走开。等孩子出现思考间歇时，看到水果，想吃的情况下自然会去吃。

事实证明，每个优秀孩子的背后，都有一对虽知不言的父母。所谓智慧型父母，无非就是做到张弛有度的教育，承认孩子是有思想的个体。

给孩子解决问题的机会

当孩子遇到某个问题时，父母如果觉得孩子有能力解决，或者可能解决。那么，父母就可以偶尔远离孩子，让孩子自己面对生活中的小麻烦。你也可以拜托孩子做某件事，比如，拿不到某件东西，打不开瓶盖等等。

孩子的世界成年人是无法介入的，否则只会让孩子受伤。不随意打扰孩子，就是在保护孩子专心建设自己的世界。

留便条提醒

如果父母确实有事，需要孩子脱离思考的状态，可以温和地提醒一下孩子，告诉他等一会儿要去做什么。如没有等到孩子回应，也别急着再次提醒，可给孩子留张便条，等孩子结束思考，自己去看。

Chapter six

给孩子“发呆”的自由

有些家长总喜欢把孩子的日程安排得满满当当，好像不干点什么就是浪费时间一样，殊不知，适当让孩子感觉“无聊”，不仅不是一件坏事，还能提升孩子的创造力和想象力，偶尔发呆，孩子的身心也会更健康。

场景回放

妈妈正火急火燎地赶路，一回头，发现儿子林林正站在马路边发呆，顿时急了，过去就推了他一把。

林林不急不忙地说：

妈妈你看，那里有个瓢虫，可好看了。

林林

妈妈拉着他道：

妈妈

行了行了，还有心思看那个，赶紧回家。

林林一把挣脱妈妈的手，气道：

我不走，我累了，我要看瓢虫。

林林

案例分析

父母常把发呆说成是走神、不专注、偷懒等行为，所以经常简单粗暴地打断孩子发呆，甚至还会批评埋怨几句。但是，适当发呆其实并不是一件坏事。

2016年，国家有关部门提出的一些健康生活理念中，有这样一项建议：给自己五分钟发呆的时间。给自己五分钟，去放空自己，让大脑松弛下来。

在这个看似呆傻的状态中，孩子的大脑正神奇地展开一系列想象和锻炼想象力的活动，如果持续发呆的时间更长些，孩子甚至能从想象阶段进入创造阶段。

一位妈妈带着孩子和亲友一起去郊外游玩，别人家的孩子爬山的爬山，玩水的玩水，只有这位妈妈家的小男孩，一个人呆呆地坐在河边，看上去没有一点孩子该有的活泼和生气。于是亲友们建议小男孩的妈妈带孩子去看看医生。但这位妈妈不仅没有上前打扰孩子，还对这些“好心”的家长说道：“我的孩子没有任何毛病，你们不了解，他不是发呆，而是在沉思。他将来一定是位了不起的大学教授。”

而那个小男孩却成了二十世纪最伟大的科学家之一，他叫爱因斯坦。

发呆不等于停止思考，相反，发呆能让人进入深度思考，甚至会超越清醒时的专注力度。所以，世界上很多科学家当遇到瓶颈之时，会尝试调整自己的状态，其中允许自己发呆也在其列。

爱丁堡大学的科学家通过研究发现，人的大脑是个非常神奇的器官，当人进入发呆状态时，会令人的记忆力飞速提升，陷入一个反复记忆的情境中。所以，孩子发呆，可能是在释放负面情绪，放空大脑；可能是进入深度思考，从而激发更大的想象力，帮助自己进一步思考；也可能是在巩固和提高某些记忆。

写给父母的话

父母不焦虑，就不会打扰到孩子。

通常父母会打断孩子发呆，是因为自己太焦虑。比如，当孩子写着写着作业，盯着某处就不动了；当孩子读着读着书，眼睛就飘忽了。父母便开始担心，时间越来越晚要影响睡眠了；孩子容易走神，会不会影响学习质量了等等。

其实，父母的这种担心是多余的。如果不想打扰孩子，就要学会调节自身的焦虑情绪。比如试试让自己也进入发呆状态，尝试一下盯着不远处的某物慢慢进入思考，等自己醒来时，你会发现自己的大脑变得无比清醒，精神也会好很多。或许，也只有这样感同身受一番，才能接受孩子发呆的状态。

不要惊吓孩子

人在发呆的状态下，是听不到其余声音，感知不到周围环境的，除非受到惊吓。比如，尖锐刺耳的声音，或突然而来的晃动。虽然惊吓能让孩子脱离发呆状态，但也真的会吓到孩子，促使孩子思绪混乱，精神紧张。

长期受到惊吓，孩子再次发呆时，就会自动从发呆中惊醒，会非常不利于孩子健康。所以，在孩子发呆时，父母不要惊扰孩子，更不要制造出任何能惊扰孩子的声音和响动。

关闭周围的声音

当发现孩子发呆时，父母要及时关闭电视，将手机的声音也调小些，尽量给孩子提供一个安静的氛围。

父母尊重孩子发呆的需要，其实是在帮孩子减轻心理压力。父母对于孩子发呆的理解和尊重，会让孩子变得更加自信，也无惧外人言。

第七章

用规矩建立边界，孩子更主动

没有规矩，就不成方圆。给孩子立规矩，对亲子之间保持边界感非常重要。规矩，一方面提醒父母不越界，一方面也让孩子在界限内安全健康地成长。

Chapter seven

孩子多大开始立规矩

无规矩不成方圆，给孩子立规矩一定要趁早。6 岁之前是立规矩的最佳时期，错过这个时期，家长再想纠正就会比较困难。6 岁之前立起来的规矩也比较容易变成骨子里的教养，而再大些的时候，立规矩就很容易变成“条条框框”，收效甚微。

场景回放

餐桌上，小谭半趴在桌子上够远处的菜，爸爸立刻制止道：

爸爸：坐下，哪有吃饭爬桌子上的。我跟你说过多少次了，在外面吃饭的时候，只吃眼前的，远处的等转过来的时候再吃。

小谭一脸不情愿地坐了回去，不一会儿就伸手开始转转盘，爸爸眼见同桌的朋友因为没夹到菜而尴尬，立刻将儿子的手拍开，气道：

爸爸：你怎么这么没规矩？你没看到别人正在夹菜吗？你老实坐着，不许动了，想吃什么爸爸给你夹。

谁知爸爸刚说完，小谭一扔筷子，噘嘴哭道：

小谭：我不吃了还不行吗？

案例分析

有不少家长苦恼："我家孩子都已经十多岁了，可言谈举止还是那么的随意，从不顾及场合，说半天跟没说他一样。"孩子长大后言行无状，举止随性，做什么都只顾个人感受，这说明孩子在六岁前从未学过任何规矩。

当一个孩子为了吃一口冰激凌而跟父母耍闹，甚至不管场合撒泼打滚时，这个孩子身后无非站着三类父母：一类是十分溺爱孩子，凡事都迁就着孩子，舍不得孩子受一点委屈；另外一类是对孩子不管不顾，任其自由生长，想干吗干吗；最后一类是，想起来的时候管一管孩子，想不起来或没空的时候，就放任不管。

这三类父母在孩子六岁之前，普遍认为孩子很乖巧，即便有点言语或行为上的过失，也是童言无忌，不需要太在意。直到孩子到了"七岁八岁，狗都嫌"的时候，才认为该让孩子懂些规矩了，而这时也发现，即便嘴皮子磨破了，孩子还是记不住在公共场合不能大声喧哗跑跳，总是随意打断别人说话。

耶鲁大学经过一项长达多年的研究指出，孩子两岁到六岁间，是培养其性格和行为习惯的关键时期，在这个阶段里，孩子百分之九十的性格都将趋于完型。这时候的孩子，无论做什么都是带着点目的性的。如果在这个时期，父母总是对孩子的一些不良行为视而不见，以后再想纠正，只会难上加难，不仅没有说服力，还会让孩子觉得父母是在与他对抗，毕竟从前不管，现在就要管了，给孩子的操纵感将远大于关爱感。

所以，父母对孩子的教育不能错了时机。李玫瑾教授说："0-3岁要有恩于他，三岁到六岁一定要立威于他。爱是一种营养，但它不是全部的营养，到时候了就得收，收的时候就得让另外一个营养跟上，另外一个心理的营养就是性格的培养，就是我们要开始给孩子立一些行为的规矩。"

有些父母担心："那么小的孩子就立规矩，于孩子纯真的天性是否不利？"这种想法不是不对，而是不全面。父母需要尊重孩子的天性，不意味着可以纵容孩子的不良行为。六岁以内的孩子正是感悟多种意识形态的敏感期，对语言、时间、空间、秩序、情感、利害等意识都很敏感，也更容易树立好的规矩。

写给父母的话

给幼儿立规矩，越直接越简单越好。

六岁以内的小孩子想法很简单，父母说话不用弯弯绕绕，如果要给其立规矩，直接说就可以了，因为太委婉的话孩子听不懂。唯一需要注意的是，态度要温和，言语要简单明了。

比如，孩子在餐桌上动来动去时，妈妈可直接提醒孩子："宝贝，在饭桌上吃饭不可以乱动，想吃什么可以小声告诉妈妈，妈妈帮你夹。"

给孩子立规矩的时机也很重要，不能动不动就要求孩子怎么做，而是要在事情发生时及时提醒孩子。比如，进入公共场合前，提醒孩子："宝贝，这里是公共场所，不适合大声喧哗，所以进去后，要保持安静，有什么想说的，可以先拉一下妈妈。"

三岁让孩子做好自己能做的事

三岁的孩子，刷牙、洗脸、洗脚这些事都能自己做了，就让孩子自己来完成，父母不要插手，就算孩子的水洒了，也交给孩子自己处理。同时，要告诉孩子，自己的事情就应该自己去做好。一个从小懂得亲力亲为的孩子，个人素养和教养都是非常好的。

教孩子向父母请教

父母要教孩子在六岁之前学会主动向父母请教，时常提醒孩子："宝贝，如果你不知道怎么做才不会失礼，可以向父母请教。"让孩子养成不懂就问的好习惯，本身就是在提升孩子的教养，而且这个习惯会令孩子在今后受益匪浅。

立规矩要趁早，六岁前，请给孩子立好规矩，同时，需要注意的是，孩子毕竟年幼，立规矩也不是一朝一夕就能显成效的事情。

Chapter seven

父母不双标，孩子才会守规矩

如果“只许州官放火，不许百姓点灯”，那么规矩在孩子眼里就会形同虚设。所以，不要总怪孩子养不成好习惯，有时是父母先破坏了立好的规则，才影响到了孩子。如果父母定好的规矩，对孩子是一套标准，对自己又是另外一套标准，孩子便很难形成规矩意识。

场景回放

妍妍正在玩玩具，抬头看见妈妈吃着冰激凌，妍妍立刻说：

妍妍：妈妈，说好的一天只能吃一个，你这是第二个了。

妈妈找了个借口说：

妈妈：是吗？我怎么记得好像就吃了这一个呀。

妍妍嘟着嘴说：

妍妍：不行，你得放回去，不能吃了。

妈妈：妈妈都已经吃了几口了，再放回去不合适。

妍妍生气道：

妍妍：这不公平，你吃两个，我也吃两个。

说罢，妍妍就去冰箱里拿冰激凌了。

案例分析

是人都不喜欢双标，可有些父母偏偏觉得，孩子是孩子，大人是大人，只要大人严格些，孩子一样会遵守规矩。的确，父母严厉些，孩子是不敢造次，但也只是敢怒不敢言，口服心不服罢了。比如，有的父母一边教育孩子不可以吃垃圾食品，转身就给自己买了一包辣条，一边刷剧一边吃得津津有味。孩子喊话："凭什么你们能吃，就不让我吃？"父母说："大人吃点没事，小孩子不能吃，对身体不好。"

别以为孩子默默走开了，就是信了，事实上孩子只是单纯地觉得跟这样的父母说话很没劲，他们只会端着大人的架子哄骗人。当孩子手里有零花钱的时候，第一个买的没准就是一包辣条。孩子之所以对"规矩"嗤之以鼻，有时就是因为父母对规矩也未有敬畏之心。

知乎上一个网友说："我的爸爸妈妈从小时候就教我怎么过马路，怎么识别红绿灯，还经常教我那句'红灯停，绿灯行，黄灯来了等一等'的顺口溜。但有一次，他们带着我骑车过马路的时候，明明是红灯，就因为两边没有车，带着我就冲了过去，急得我大喊：'爸爸，红灯，危险。'等过了红灯后，爸爸反而冲我吼道：'喊什么喊？就你嗓门大，这不没事么。'当时我就蒙了。然而，矛盾的是，他们依然会嘱咐我过马路时要看红绿灯。"

下面有评论问："那你有没有闯过红灯？"

网友的回答是："闯过，看路两边没车，心里就泛起一个想法：直接过去，没事。"

儿时规矩立不起来，长大再难立规矩。想让孩子遵守交通规则，父母就不能随随便便闯红灯；想让孩子说话干干净净，父母就不可以当着孩子的面“口吐芬芳”；想让孩子定时定点玩手机，父母便不能无节制地捧着手机……父母想养育出一个有涵养、有规矩意识的孩子，自己首先就得做一个有涵养有规矩的父母。上行下效，说的就是这个道理。

在一些二胎或多胎家庭里，女儿、儿子都有，就有这样一类父母，对女儿宽厚纵容，对儿子却无比严厉，女儿说什么是什么，儿子就不能。所立的一些家规，女儿犯了，父母最多说两句，但儿子若犯了，就是一顿猛批或挨打，甚至还有惩罚。如此大型双标现场，对一双儿女的成长都会造成难以想象的影响。比如，女儿会变得骄纵任性，不尊重兄长，儿子会变得自卑胆小，甚至因此对女孩儿生出嫉妒和恨意。而这时候，父母若一再强调规矩，儿子内心的积怨只会越来越深，也许现在看不出什么，但总有爆发的那一天。

在家庭教育中，孩子的心智以及各方面的能力未发育完全，若经常被双标，很容易在心底埋下隐患，分不清对错，不信任父母，还有就是对规矩的蔑视。故而，对已经立好的规矩，父母就要以身作则，切忌双标。

写给父母的话

最大的公平，是与孩子成立相互监督机制。

立好规矩后，父母要明确告诉孩子，所有家庭成员都要严格遵守定好的规矩，可以相互监督，如果发现谁破坏了规矩，就要接受相应的惩罚，而且不允许找任何理由或借口。父母与孩子成立相互监督机制，不仅让孩子觉得公平公正，父母严谨的态度也会让孩子对规矩生出敬畏之心。

规矩打卡

父母可以把立的规矩做成一个精美的打卡单挂在墙上。把规矩分成两类：在家日常家规；外出日常行规。每天出门前，读一遍外出日常行规；回到家里后，读一遍在家日常家规。内容肯定是越简单越好。

比如，外出日常行规：过马路看指示灯，垃圾要扔垃圾箱，公共场合不喧闹……；在家日常家规：吃饭先洗手，睡前要洗脚，自己的东西收拾好……。如果孩子年龄小些，父母可以带着孩子一起读。

在外面也要遵守规矩

有时父母会带着孩子外出聚餐或参加一些活动，如果父母对孩子说过，不允许喝碳酸饮料，不管别人怎么劝，父母都要坚持自己不喝，也让孩子学会礼貌地拒绝。几次下来，孩子就能抵住碳酸饮料的诱惑。

父母永远是孩子最好的标杆，但凡父母能做到并做好的事情，对孩子就特别有说服力。只有对规矩有敬畏之心的父母，才能培养出有规矩意识的孩子。

Chapter seven

规矩要和孩子一起定

孩子能拥有高质量的生活，首先就需要良好的规则意识和执行规则的习惯，而这一切又基于规则的可实行度。所以，作为父母，先不要考虑给孩子制定哪些规则，而是先吸引孩子积极参与到规则的制定中来，让孩子成为规则的掌舵者。

场景回放

爸爸对卢卢说，以后看电视不能超过半小时，怕卢卢记不住，他干脆写下来贴在了电视一旁。

有一次，卢卢正在看电视，爸爸提醒说：

爸爸：卢卢，电视只能看半小时，赶紧关了。

卢卢不情愿地说：

卢卢：我还没看够呢！

爸爸态度强硬道：

爸爸：不行，只能看三十分钟，没看到电视旁写着呢吗？赶紧关了。

卢卢哭道：

凭什么，凭什么，凭什么……。

卢卢

案例分析

给孩子说了几个规则，可孩子看上去并不开心，而且一提醒孩子，他就显得很抗拒，这是为什么呢？

假如你和别人去吃饭，餐桌上所有人都可以点菜，唯独你没有资格点，面对一大桌子饭菜，却没有一个是自己点的，你可吃得下去？恐怕会食不知味，内心还十分不爽。给孩子设定规则也是如此，父母自顾自给孩子定了很多规则，却没有问问孩子有什么意见，就只让孩子去照做，孩子心里自然也不爽，便不可能去积极响应那些规则。

给孩子定规则，是希望孩子能自发地约束自己，而不是受惩罚。如果父母总是单方面给孩子定规则，不停地对孩子说，这该怎么做，那该怎么做，孩子只能站在一旁做个被动的接受者，心里面也只有满满的束缚感。

要让一个人对某件事变得主动积极，首先就要让这个人与这件事产生关联，因为一旦有了关联，就会不自觉地去关注这件事，这是人之常情。因此，想要提高规则在孩子心目中的分量，就得把菜单放到孩子手里，让孩子点几道菜，有孩子喜欢的菜色，自然会提高孩子的积极性。

灵灵想喝饮料，妈妈把饮料对人的危害向灵灵简单讲了一遍，然后说：“虽然饮料对我们的身体不友好，但是我们可以少喝一点果汁。”

之后，妈妈拿来一桶果汁和三个大小不一样的杯子，说：“现在你可以选出一个杯子，选中的杯子就是以后你用来盛果汁的，但每天只能喝一杯。”灵灵对着三个杯子选来选去，最终拿了那个最大的。

妈妈当即就往那个最大的杯子里注满果汁，灵灵开心地举起杯子，虽然杯子并不大，但是她每天都会用那个杯子喝果汁，而且一杯就够了。

孩子们在玩游戏时，人人都能做到按规则玩游戏，而且执行起来极容易，又持久。其中的主要原因亦是因为规则由孩子们自己制定，能作为规则的制定者，是有一部分成就感的，继而作为执行者，对规则了如指掌，自然没有任何负担，施行起来游刃有余。

所以，要让孩子发自内心地去认可并遵守规则，特别好的一个办法就是让孩子共同参与进来，一起制定规则。而且，让孩子参与的好处不仅限于提高孩子的规则意识，还能培养孩子的民主意识，以及执行规则过程中的守信程度，让孩子初识倾听、理解、接纳和责任，其对孩子的影响，已远超设定规则本身。

写给父母的话

持平姿态与孩子商议规则。

在与孩子商定规则时，父母的态度一定要与孩子持平，尽可能让孩子觉得你是真心实意邀请他共同制定规则的。因为父母天生会给孩子带来一种威压，尤其是这种场合，父母若比孩子姿态高，一些胆小或内向的孩子就很难将自己的想法表达出来。所以，父母要学会先放下身姿，通过讨论和交流，鼓励孩子发表意见。

在与孩子一起制定规则的过程中，父母需要知道的一点是，要帮孩子捋清楚设定规则的原因，但不要替孩子做任何决定，因为父母做的决定，会减少孩子的期待和参与感，反而弄巧成拙。父母可以给孩子提供一些选择，但最终的选择权要交给孩子。

与孩子一起制定看电视的时长

父母先与孩子讲清长时间看电视的危害，然后给孩子推荐几个适宜的时长，让孩子自己选择。但是要提前告诉孩子，一旦做出选择，就要遵守，可以少看一会儿，但绝不能多看一会儿。当然，提供的选择不能过于苛刻，比如，一部动画片，最少也应该达到三集连看的程度。要适当让孩子感受到满足，孩子才愿意参与一起制定规则，并认可自己的决策。

邀请孩子参与父母的规则制定

妈妈最近想控制饮食，就可以邀请孩子和自己一起制定规则，比如，妈妈说："宝贝，从今天起，妈妈每顿饭只可以吃半碗米饭，你可以监督妈妈吗？"孩子自然是愿意的。妈妈在执行规则中，因为有孩子时刻盯着，一定要坚持，毕竟这是一次难得的帮孩子树立规则意识的机会。如果妈妈坚持不住，很容易影响孩子将来对规则的执行力。显然，这是一次冒险，但值得一试。

Chapter seven

给孩子立规矩要明确，不能含糊

要立规矩，就要立得具体。家长要明确地告诉孩子，规矩的具体要求和惩罚后果是什么，直截了当，不可含糊其辞，这样执行起来才会更加清晰明了。否则，孩子可能领会不到如何去做，或者有意去钻规矩的空子，以致达不到立规矩的效果。

场景回放

妈妈拉着芊芊的手在公园里散步，芊芊觉得嗓子里不舒服，便随口吐了一口唾液在草地上。妈妈立刻说道：

爸爸：芊芊，妈妈怎么说的，不可以随地乱吐。

芊芊：妈妈你说的是在家里，又没有说在外面不许。

妈妈顿时哑口无言。

案例分析

儿童心理学家詹姆斯·杜布森著的《勇于管教》中说：“如果悬崖边上设有栏杆，那么人就敢靠着栏杆往下看，因为不会害怕摔下去；如果没有栏杆，大家在离悬崖很远的地方就停住了，更别说站在悬崖边缘往下看了。栏杆就是界限，知道界限的孩子会有安全感；相反，没有界限的孩子没有安全感，因为他不知道安全的尺度在哪里。”

当规矩立得不清不楚，边界不清，尺度模糊时，孩子其实并不知道怎么做才是正确的。例如，孩子刚升一年级，妈妈对孩子说：“以后你必须做到早睡早起，否则会影响学习。”乍看之下，这话说得没有问题，但孩子听着却有很大的问题。早睡，几点算早睡呢？早起，几点算早起呢？孩子不清楚，但由于紧张，可能凌晨五点就会醒，也可能孩子潜意识里在等着父母叫，所以一直不醒。

小孩子的规矩意识尚未养成，分析能力自然有限。父母对自己说的话自然懂得，但孩子未必听得懂。有的父母习惯这样说话：“帮爸爸拿下手机。”是把你手里的手机拿走，还是去什么位置帮你拿手机，别说孩子不理解，有时就连成年人也不明白。立规矩也是如此，如果规矩总是立得含含糊糊，不仅会让孩子错过规矩意识养成的关键时期，还会让孩子倍感焦虑，一听规矩二字，就晕头转向，不知所措。

有时父母明明给孩子立了很明确的规矩，可孩子一哭闹，父母就妥协，那所谓的规矩也不过是一张一捅就破的纸，含糊的很。

但是，父母们很少意识到这点。等孩子一而再，再而三的触碰规则底线，父母也终于忍无可忍，便对着孩子一通狮吼功，或进行各种处罚。有的孩子默默忍受，但心里不服；有的孩子与父母对着干，看谁嗓门大。从情绪对抗的那一刻开始，孩子们对规矩仅存的那点敬畏心就荡然无存了。因为在孩子的记忆里，重要的不是规矩，而是父母的心情。

所以，很多时候不怪孩子不懂规矩，孩子这么小，能有什么坏心思呢？只能怪父母从一开始就没有把握好立规矩的明确度。

写给父母的话

一次讲明规矩的尺度，才能有效提高孩子规矩意识。

小孩子的理解能力趋于简单，没有那么深刻。所以给孩子立规矩，表达方式要简单明确，不能随便说说，要经过深思熟虑，把意思表达清楚，把范围囊括明白。

懂得排队的孩子，玩滑滑梯会排队，买东西会排队。但凡需要排队的地方都会严格遵守秩序，因为在孩子心里有一个完整的不能越界的尺度：先来后到。

聪明的父母不会一直提醒孩子在什么地方要排队，而是直接简明扼要，告诉孩子，只要是人多的地方，就必须遵守一个秩序，先来后到。当孩子牢记这一点，在任何环境里都能做到毫不费力，顺理成章。

让孩子列举范围

当父母告诉孩子，不能在公共场所大声喧哗时，可以让孩子说一说这些公共场所都有哪些地方，一般孩子都能说出两三个来，父母再做适当补充。如果有这些场所的图片，自然更好，可以加强孩子的记忆力。当然，也要有所弹性，比如孩子说游乐场，父母要告诉孩子，玩乐的地方除外，然后再让孩子列举一下哪些性质的场所属于可以喧哗的娱乐场所。

孩子哭闹也不能妥协

小孩子都很聪明，从小就知道，只要自己一哭闹，父母就会过来安抚。所以，当孩子想要打破规矩时，会选用哭闹的方式，就等着父母过来安抚，以求达到自己的目的。在这点上，就看谁能坚持住。

比如，订好了只有每周日才可以吃一次快餐，但孩子周二就想吃，于是哭闹。那就让孩子哭个够，父母静静陪着，等孩子发现哭闹不能让父母妥协时，自然就不哭了，也会明白规矩就是规矩，不能含糊。

情绪波动时，不定规矩

开心也好，生气也好，在情绪剧烈波动的时候，千万不要给孩子定规矩，因为这时候定规矩，容易造成规矩的不合理性。而且，父母定规矩太随意，会让孩子看轻规矩，觉得无所谓。再者，规矩之所以对孩子有约束力，就是其不可更改性。所以，要保证规矩的合理性，就不能在情绪波动时定。

有时，父母立下的规矩不能很好地去管理孩子，便是因为爱和理性分配不均。一个家庭，只要做到规矩明确，界限分明，尺度清晰，就会养成好的家风，孩子从中受益，也会变得优秀。

Chapter seven

规矩越多越好吗？

规矩并非越多越好，立规矩之前，父母要想清楚需要立哪些规矩。哪些是原则性的规矩必须要立，而哪些规矩是可立可不立的，那么不妨给孩子多一些自主选择的权利。规矩太多，事无巨细，执行起来也很复杂，效果也会大打折扣，甚至本末倒置。

场景回放

下课的时候，同学叫小芸去操场玩，小芸说：

你们去吧，妈妈让我下课时必须先喝水。

小芸

等小芸来到操场上，同学邀请她玩沙子，小芸说：

你们玩吧，我的鞋子三天内不能脏。

小芸

上课时，有人打报告，说：

老师，小芸哭了。

同学

老师走过来问小芸怎么了，小芸说：

我想去厕所。

小芸

老师让她赶紧去，谁知小芸刚站起来就尿裤子了。只听周围响起一片哄笑：

她是不是傻呀？

同学

案例分析

生活有千般细节，规矩就会有千般之多，孩子真的需要那么多规矩吗？

当父母告诉孩子，生活要处处守规矩，行走卧榻，言谈说笑，都要中规中矩，这样的培养方式不是不可以，但孩子也就变成了一个木讷死板、不知变通的人。被众多规矩束缚的人，遗憾地失去了自己的创造能力和想象力，活成了一个没有主见和看法，只能被动生活的人。

契诃夫说："人们厌烦了寂静，就希望来一场暴风雨；厌烦了规规矩矩气度庄严地坐着，就希望闹出点乱子来。"那些天性活泼洒脱的孩子，一天被几十个"不可以"围着，总是犯规受罚，总有一天变得麻木，或者不再把规矩当回事，刻意破坏规矩，挑衅父母。做任何事，都要讲求一个度，而规矩也不是越多越好。埃里希·弗罗姆说："在一切爱的关系中，自由最重要。"但凡亲子关系非常好的家庭中，一定没有太多的规矩和琐碎的教条。在不损伤彼此情感的情况下，允许孩子按照自己的意愿去做事，做得好与不好，也不要苛责。

院子里有一个充气泳池，浩浩邀请来找他的堂哥到池子里蹚水玩，堂哥说："下小雨呢，你妈妈让你玩吗？"随即浩浩返回屋子里问妈妈，妈妈知道外面在下小雨，但依然应允了。两个小家伙玩得很嗨，浩浩一屁股坐进水里，衣服全湿了。

哥哥说："你妈妈会不会说你？"

浩浩说："要不我问问。"他于是提高嗓门喊道："妈妈，我的衣服湿了。"

他们的对话，妈妈早就听到了，她回道："没关系，玩吧！开心就好。"院子里传来孩子们开心的笑声。等哥哥走后，浩浩对妈妈说："妈妈，我今天特别开心。"

可以告诉孩子下雨天要注意哪些安全，但不要规定雨天禁止出去游玩。没必要因为一些可有可无的"规矩"，整天与孩子做情绪上的互搏。在安全以及不触犯原则的基础上，可以允许孩子做一些他想做的事。不要总担心孩子事做不全，也不要忧虑孩子会闯什么祸，更不要因为孩子的无心之失而责备他。少一些规则，多一些弹性，孩子才能在正常的精神领域成长。

一个精神发育正常的孩子，从来不是没有底线的。他的经历无论好坏或成败，都不影响他成为一个心理健康、积极善良的人。

写给父母的话

给规矩做减法。

李开复说："随着孩子长大，父母要学着信任孩子。违规要惩罚，但规矩要越少越好，而且孩子越大，规矩要越少。"

试着给规矩做减法。李开复说起给孩子们定的规矩，大概只有三四件，比如，要在规定时间内回家；见到长辈要礼貌起立；不能在网上与陌生人聊天；自己的东西自己收拾。李开复认为，孩子有了基本的规矩意识，对于大的过失就不会轻易触碰，所以不用重复给孩子立规矩。

在教育中，懂得给规矩做减法的才是最聪明的父母。立规矩，要懂得抓大，放小，数量不用多，孩子能记得住、记得牢就可以了。

去掉琐碎的规矩

删除那些琐碎的规矩。比如，吃饭的时候，要坐有坐相，不能大声咀嚼，不可以敲碗，咳嗽要冲着餐桌外，这些属于个人习惯，不能当规矩讲。

再比如，洗脸、刷牙、清理指甲这些，完全可以立个注意个人卫生的规矩，没必要细化。规矩太琐碎，会显得繁重又啰唆，反而会遭孩子厌烦。

会毁掉孩子探索欲的规矩不要立

每个孩子都有探索的欲望，但探索的同时，孩子总会做出一些出格的事情。比如，光着脚在积雪上踩；拿着剪刀剪纸；看到什么小动物都敢伸手去抓等等。对于这些事，父母与其立规矩，打断孩子的探索，不如助力：给孩子穿上鞋子，让他继续踩雪；买一把手工塑料剪刀送给孩子；给孩子讲每种小动物的攻击性。与其对孩子说“不可以”，不如让孩子学会怎么做更好。

成年人不喜欢被一堆规矩困住，孩子同样不喜欢。有时候，对于孩子的教育，父母可以试一试推己及人，感受一下孩子的感受，一些问题自会化解。

第八章

给孩子掌控权，自由的孩子更自律

意大利教育家蒙台梭利说：“每个人的成长都有一个程序，他在某个年龄段该领悟到什么样的问题，其实是固定的，你没有办法强求，过分人为地加以干涉只会毁了他。”每个孩子的成长都有其发展规律，父母要有边界意识，给孩子适度的自由。

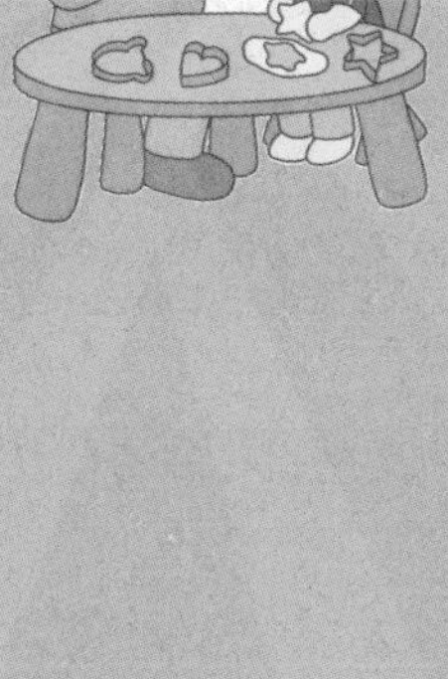

Chapter eight

一句“你应该”有多可怕

很多父母不知，“应该”思维若长期存在，会对孩子的意识思维进行渗透，让孩子深陷强迫式自我调整的痛苦中。有边界感的父母，会给孩子一定的选择权，让孩子学会为自己做主。

场景回放

两个小女孩在家里玩，妹妹说：

妹妹：姐姐，我口好渴，我要喝水。

姐姐：不行啊，壶里没水了。

妹妹提醒姐姐说：

妹妹：冰箱里不是有水吗？我喝那个就好了。

姐姐：妈妈说了，我们应该喝温水，冰水喝了会肚子疼的。

妹妹：可是，我现在好渴呀！我要渴死了啊！

姐姐坚持说：

姐姐

不可以！妈妈说了，我们不应该喝冰水，一定要喝温水！

案例分析

应该与不应该，在孩子听来就是命令。当父母对孩子说："你应该好好学习，然后考一百分。"孩子接收到的信息是：我没有考过一百分，我是个失败者，我的努力还不够，我不应该玩，不应该看电视，不应该陪朋友出去……后来，当孩子依然考不到一百分时，便会情绪低落，会害怕，然后否定自己。因为，孩子没有变成父母嘴里那个"应该"有的样子。

父母嘴里的应该与不应该，对孩子来说，是命令，是非对即错，是谴责，也是对孩子的一种掌控。当父母说"你应该……"时，就是在要求孩子按照父母的指令必须做出改变，"不应该……"亦是同理。

在与孩子沟通的过程中，父母不要总是对孩子说："你这样不行！""你听我的就行，保证没错。""不听老人言，吃亏在眼前。"而要经常对孩子说："我是这样认为的……你觉得怎么样呢？""我觉得这样不太好，因为……""关于这件事，你有什么意见……"这种沟通方法就是带着商量的口气和孩子说话，而不是强制和命令，它充分体现了父母对孩子意愿的尊重。

一个在应该与不应该中成长起来的小孩，是没有自我的，因为孩子不知道在这两者之间其实还有一个中间值可选。或许有些孩子从前想到过还可以有别的做法，但基本都被扼杀在了父母的不应该中，孩子的想象力、创造力、思维的灵活应变能力也因此受到了束缚。

写给父母的话

用“可以”打破固有思维，让孩子习惯去找中间值。

当孩子向父母寻求帮助时，先别急着告诉孩子：“你应该怎么怎么做”。

首先要让孩子自己思考，如果孩子始终想不出办法，父母再说：“妈妈可以给你一个建议。”注意，这里一定要出现两个词“可以”“建议”，这些词是很好的折中词，是在暗示孩子，除了这些，其实还有别的办法。

然后，父母要告诉孩子：“妈妈的这个建议不一定是最好的，如果你能想到其他方法，也可以试一试。”

几个“可以”就足以对孩子的思维进行扩展性心理暗示，扩展孩子的认知，打破思维的固化，养成主动寻找中间值的好习惯。

一道菜做出不同的吃法

孩子都喜欢吃，而饮食文化对人的启迪也非常大，当父母经常将一种食材做出各种不同的菜色呈现在孩子面前，并适当引导时，孩子就能从这些静默的变化中感悟到，凡事不止有一种可能，都可以有灵活的变动。

把原因与孩子说清楚

“你不应该随便吃别人给的东西。”这句话给孩子的暗示是，父母在时要听话，所以不能吃；如果父母不在，就可以随自己心了。所以，要把原因告诉孩子，可以这样说：“过去，有很多小朋友就是吃了陌生人给的东西，再也见不到爸爸妈妈了。所以，不认识的人给的食物，不可以吃，除非有你值得信赖的人在场。”有原因，有可选择的中间值，孩子更容易接受些。

灵活的沟通方式才可以培养出灵活又健康的人格。在成为父母的路上，学习从未停止，我们要学会打破固有思维，才能养育出聪明、自信，又具有良好应变力的孩子。

Chapter eight

如何让孩子自己做决定

出于“爱”，父母在孩子遇到问题，需要做决定的时候，往往忽视了孩子的想法，过多地替孩子拿主意。长此以往，孩子就会产生过度依赖的心理，丧失独立自主的能力。所以，父母要从小事开始，耐心引导和帮助孩子做决定，让他成为一个有主见的人。

场景回放

眼看电影放映时间就快到了，妈妈推了推儿子，儿子还没有决定到底看哪个。

妈妈：决定好了没有？到底看哪场电影？

儿子小亮苦恼地说：

小亮：我也不知道看哪个，要不爸爸来定吧。

随即，小亮把目光投给爸爸。

买零食时，妈妈问小亮：

妈妈：你想吃什么？

小亮：我不知道。

妈妈生气地说：

妈妈

你怎么什么都不知道？

小亮羞愧地低下头。

案例分析

有些孩子，不管到多大年龄，对做决定都充满了抗拒和焦虑。似乎，让他们决定一件事情，就如同把他们架在火上烘烤一般，一边坐立难安，一边支支吾吾说不出个所以然。为此父母们伤透了脑筋。

孩子不会做决定，与孩子的成长方式有很大关系。父母不妨回顾一下孩子小的时候。

当孩子说：“妈妈，我想要那个飘飘的气球。”

妈妈是怎么回答的呢？有很多妈妈为了孩子的安全，会说：“不可以哦，那个气球虽然好看，但是里面装的东西很危险。”于是，拉着孩子快速离去。

当孩子说：“爸爸，我想去欢乐城，不想去爬山。”

爸爸却说：“爬山多好，又能看风景，又能锻炼身体，欢乐城人挤人的，玩不好的。”

当父母让孩子决定的时候，妈妈说：“你喜欢什么样的裙子，咱就买什么样的。”可是，当孩子高兴地拿起自己喜欢的裙子时，妈妈又以“太花哨了”“显黑”“不如另外一个”等理由让孩子放下，最终选择了妈妈觉得还不错的。

有些父母说，孩子的眼光终究差了些，孩子的建议太幼稚了等等。于是想也不想就直接否决了孩子，但这种推倒式的方式，不仅推翻了孩子的决定，还推掉了孩子该享有的决定权。久而久之，父母的权威成了压在孩子头顶的一座山，让孩子觉得自己是没有决定权的，有的只是服从而已。所以，当父母冷不防的再让孩子做决定时，孩子不是不知道，而是已经没有了做决定的能力。

失去决定能力的孩子，不仅在父母这里没有主见，对各种选择，甚至对自己的未来，都无法做出好的决断，哪怕只在他面前放一块蛋糕，他都不能确定可不可以吃掉。当然，没有任何一个父母希望自己的孩子模棱两可稀里糊涂地过一辈子。所以，趁着孩子尚在成长阶段，把孩子该有的做决定的能力再次激发出来。

有决定能力的孩子，非常自信，做决策也很果断，但在做任何决定之前，也会权衡利弊，而不是一意孤行。因为常常做决定的孩子，知道在自由的背后是相应的代价，如果做错了决定，后果就只能自己来承担。这也是要把决定权归还给孩子的原因，毕竟父母不能一直帮孩子做决定，孩子迟早要独立去面对很多事情。越早让孩子拥有做决定的能力，越有助于孩子形成健全的人格。

写给父母的话

很多小事是开启孩子决定能力的钥匙。

父母要尝试着把决定权还给孩子。只要是不危及孩子的安全，不有失原则，就可以大胆地让孩子去做决定。同时，要多给孩子做决定的机会，并真心实意地尊重孩子的决定。

一日三餐，把其中一餐让孩子决定

日常一日三餐要吃什么，多数都是由父母来决定，很少征询孩子的建议。别小看一日三餐由谁规定，对孩子来说，吃就代表着快乐，对孩子性格的养成有很大影响。如果能把一日三餐中的一餐让给孩子来决定吃什么，就等于直接告诉孩子，他在这个家里有一定地位，自然也有决定权。

小范围的外出活动，要让孩子有发言权

一家人要外出购物，要去哪个区域，去哪个商场，让孩子也发表一下建议。在商议的过程中，要把每个人建议中的利弊都分析清楚，也要让孩

子听个明白。最后，可以用投票的方式决定采取谁的建议。

这样的方式，能让孩子体会到一个很好很公平的参与感，就算最后并未选中孩子的建议，对他来说，自己的决定也得到了极大的尊重。

周末生活琐事交给孩子自己决定

歇周末时，孩子几点睡觉，几点起床都由孩子自己决定。周末有没有个人活动，也让孩子自己去安排。如果想要去朋友家，或者邀请朋友到家里来做客，父母若无重要事情，尽量答应孩子。总之，要把属于孩子的周末还给孩子。

很久不做决定的孩子，刚开始让孩子做决定，他或许会犹豫，或许因为慌乱、担心而没有勇气说出自己的决定。这时候，父母要耐心等一等孩子，别急着催促，对孩子说一些鼓励的话，让孩子知道，即便决定不好，父母也认可。只要让孩子迈出这一步，孩子的自信就能回来一点。而往往就这一点，就能点燃孩子的勇气，重拾做决定的能力。

Chapter eight

提供选择，锻炼孩子的自主能力

让一棵树自由生长，也许它的长势无比迅猛，但不能百分百保证它不会长歪，或者不会被虫蛀的外强中干。给孩子自由，同样也要给孩子提供一些选择，因为有选择，才有目标，有动力，有锻炼自主能力的机会。

场景回放

孩子在造比喻句，妈妈见状说：

妈妈

多简单呀，比如十五的月亮像玉盘。

孩子恍然，赶紧把这句话默写下来。

学校留了手工课，孩子不知怎么做，爸爸说：

爸爸

你去看书吧，交给爸爸，这时候不拼爹何时拼爹？

案例分析

父母代劳孩子的事情，已成为这个时代多半家庭教育的特点，孩子乐得清闲，父母乐得关爱，自然不愿意主动做事。

教育理论家苏霍姆林斯基说：“不能总是牵着他的手走，而是要让他独立行走，使他对自己负责，形成自己的生活态度。”

童童放学回家后，刚进家门，就把鞋子东一只西一只甩了出去。妈妈想到一个办法，她用彩色粉笔在门口画了一个跟童童鞋子大小一样的圈，然后对女儿说：“童童，以后你再脱鞋子，就把鞋子放进这个圈里，好不好？”

童童开心地拍拍手，说：“没问题。”

从那之后，童童总会把鞋子放进圈里，而圈子每天都在换颜色，这让童童觉得很有趣。过了大概一周，圈子消失了，但童童还是会规规矩矩地把鞋子摆放好。

想唤醒孩子的自主能力，取代被动接受，就需要让孩子进入一个“愿意”的状态，因为愿意，所以才会主动去做。如何让孩子愿意呢？就是要给孩子提供一个让他愿意的选择。很多孩子不能自主学习、自主思考、自主创新等等，是因为缺少一个范围，缺乏一个明确的出发点。如果这时候父母能给孩子提供一个范围，提供一个可以选择的方向，孩子就会进入一个“我愿意这样”的状态，愿意主动去做，愿意主动思考，愿意主动锻炼自己的各项能力。

写给父母的话

话说一半，事做一半，孩子的自主能力自然体现。

别总是帮孩子想的太周全，想锻炼孩子的自主能力，就必须让孩子有参与感。尤其是那些需要孩子独立完成的部分。当孩子纠结、迷茫、不知所措的时候，父母要给孩子指一个方向，让孩子有所选择。

需要注意的是，父母要把握好度，话说一半，让孩子去想另一半，事做一半，让孩子去做另一半。如此一来，才能达到锻炼和培养孩子自主能力的目的。

用拼音法让孩子自主理解要求

孩子今后能不能养成自主读标题的习惯，全看一年级的时候孩子是怎么做题的。当孩子因为不认识字而不知道该怎么做题时，父母可以给题目要求注上拼音，这样一来，既可以降低孩子的焦虑感，孩子也愿意去读要求了。

如果孩子不理解要求的意思，父母也只需要帮孩子解释其中某个词的大意，然后让孩子继续拼读要求，一遍不懂就鼓励孩子多读一遍，直到孩子读懂为止。

提及令孩子感兴趣的事

有些孩子不喜欢主动与人交流。比如，跟父母出门时，遇到邻居或熟人，孩子总会躲在父母背后，父母让孩子叫人，孩子也不叫，弄得彼此都很尴尬。

如果这时候，父母先说几句会引起孩子兴趣的话，比如，知晓孩子非常喜欢小动物，妈妈说："你家里那几条非常漂亮的凤尾鱼有没有长大？"然后再叫孩子："丫头，这是乔阿姨。"孩子一定会欢快地上前说："乔阿姨，你好。"

想锻炼孩子哪方面的自主能力，就给孩子提供哪方面的选择，一个选择是方向，两个选择就是趣味权衡游戏。好的父母永远不会把答案直接告诉孩子，或者强迫孩子必须做什么，而是像北斗星一样，在孩子迷茫时，指引方向。

Chapter eight

主动学习其实没那么难

合理的学习计划可以有效提高孩子的学习效率，改善孩子的学习习惯。可是，由父母帮孩子制定的计划，孩子都有好好照着做吗？也许一开始孩子很认真地在履行计划，但新鲜劲一过，什么计划都变成了泡沫。因此，孩子的学习计划不妨让孩子自己制定。

场景回放

假期到了，妈妈把小宇叫过来说：

妈妈

这个假期你都留了些什么作业？妈妈帮你制定个学习计划。

小宇将留的作业都告诉了妈妈，然后妈妈就制定了一个学习计划表。可是小宇经常性忽略学习计划上的安排，还总是对妈妈说：

没关系，我明天补上就行了。

小宇

就这样，今天的明天补，明天的后天补。眼看还有两天开学，小宇的作业居然还有一半未写。

案例分析

其实大部分孩子并不喜欢父母帮着制定的学习计划，只是不说罢了。因为父母制定计划这件事，首先会给孩子造成心理压力，让孩子觉得很被动，因为被别人安排的生活，是很令人反感的，无论成年人还是孩子，都存有这方面的心理。

其次，大部分父母在帮孩子制定学习计划时，会掺杂上自己的私心，比如，有的父母希望孩子多写字，就会额外多给孩子安排几篇字；有的父母希望孩子提高数学成绩，就会额外多给孩子安排几张试卷……孩子需要时间学习，但也需要充足的时间去休息，去玩。如果孩子的这些时间被剥夺，任凭父母再怎么哄着孩子按计划学习，也迟早会引起孩子不满的情绪或抗议。

学习是孩子的事，如果想让孩子自主学习，让孩子能够学会有计划的学习，家长不妨把制定学习计划这件事交给孩子自己做。

有的家长会担心："让孩子自己制定学习计划，他就一定能按照计划走了吗？"

让孩子制定学习计划，不仅仅是为了让孩子执行学习计划这么简单。首先，当孩子清楚自己要制定学习计划时，学习就是他个人的事这一点会被强化，反而会激励他去主动学习。

其次，孩子在思考怎么制定学习计划的过程中，会对自己的学习能力实现一次内审，哪方面强，哪方面弱，有了一个比较清晰的划分，在制定计划时，就会适当弥补弱的一项。

最后，人都对自己的作品满意度最高。经过反复琢磨得来的学习计划，对孩子来说也是一个费了心思的结果，自然会格外重视。而且，正因为反复琢磨过，学习计划就像烙印一般烙刻在了孩子心里，这就形成了一个有效的时间观念，推动孩子按时按计划学习。

从增加孩子的内动力上，从提高孩子的积极性上，无论从哪方面考虑，让孩子自己制定学习计划，都会比父母帮孩子去制定，好处要多得多。所以，父母不妨大胆尝试一次，让孩子自己去制定学习计划，不做任何干涉。毕竟，作为执行者，只有孩子认可的计划，才找不出推脱的理由和借口。

写给父母的话

尊重并认可孩子的学习计划。

把学习计划完全交给孩子，如果孩子说不会，可以让孩子上网查一些计划模板做参考。父母不要待在孩子身边，更不要做任何补充或给任何建议。给孩子绝对的信任，孩子才能放开手大胆制定计划。

当孩子把计划做出来后，父母不要强迫孩子添加什么条件，即便有不满之处，也不要说。因为父母的不满往往是站在自己的角度看待的结果，不能说绝对就是正确的。而且，父母一旦张嘴，就等于否定了孩子的努力，会打击孩子的积极性。只要孩子做计划时很用心，而不是糊弄了事，就要大方地同意孩子的计划。

让孩子成为孩子的计划检察官

担心孩子制定学习计划受阻，可以让孩子邀请与自己关系不错的同学到家里来，两个孩子一边商量一边制定学习计划，彼此也有问题上的互补。当学习计划一旦建立，两个孩子之间也相当于建立了互相监督体系，对实行长久的学习计划是有很大帮助的。

做一面打卡墙

可以给孩子收拾出一面墙，挂上黑板，做打卡用，黑板上写满一个月的日期，每个日期下面有个空格子。然后让孩子把自己的学习计划挂在黑板一边，准备三种颜色的粉笔，一种颜色代表一种学习计划的完成度，让孩子每日自行打卡。其实，当打卡成为一种习惯，学习计划也就没有那么重要了，因为孩子已经养成了自主学习的好习惯。

Chapter eight

抛开焦虑，顺应孩子的成长节奏

相信眼前的孩子，他同样希望自己的未来是好的，也会争取让自己变得优秀。当父母不再焦虑时，孩子从父母那里得到的关爱是舒服的，得到的信任是不掺杂任何要求的，孩子的成长反而会超出父母的预期。

场景回放

晚上，妈妈对女儿沐沐说：

妈妈：同事邀请妈妈明天晚上去她家里做客，你想不想去？

沐沐：我想去。

妈妈：明天等你放学回来就得过去，你的作业怎么办？

沐沐想了想，说：

沐沐：我带着作业一起去呀。

妈妈其实想让沐沐在家里跟着奶奶，因为担心她写不完作业，但终究忍住没说。

等到第二日沐沐放学回来，她对妈妈说：

沐沐：妈妈，我在学校里就把所有作业都写完了。

妈妈惊讶道：

妈妈：真的吗？

沐沐：真的，我下课的时候写的。

案例分析

有人说："父母要把孩子看作一株花的种子，无论父母怎样干涉，从种子扎根，到发芽，到翠绿，到茂盛，再到结出花骨朵，都是一个缓慢有序的过程。"与其焦虑不安，不如静待花开。

心理学里有一个实验叫"双胞胎实验"，是让一对同卵双胞胎做爬梯式实验。但是，只对其中一个孩子进行超前的强化式训练，而另外一个孩子自然生长。随着时间一点一点过去，经受训练的孩子爬梯子的能力越来越强。等又过了三四个月，两个孩子再次测验时，研究者发现两个孩子的爬梯能力居然是旗鼓相当的。

最后，研究者得出结论，也许超前的强化训练可以让孩子的能力提前被激发并锻炼出来，但因为教育超越了生理的成熟，结果只是单纯地看上去还不错，与自然生长的孩子相比较，其实谈不上理想。

所以父母需要抛下那些莫须有的焦虑，不要看到别人家的孩子如何优秀，就担心自己的孩子会被搁置浅滩。因为每个孩子的花期不同，太强的执念只会不断给孩子强加不属于他这个年龄段能承受的压力。

孩子的成长是缓慢的，是有节奏的。从婴儿时期，到幼儿时期，再到少年时期，然后是青少年时期，接着是青年、中年、老年，这便是孩子成长的规律。父母需要了解并承认孩子的成长规律，因为承认才能接受面前的孩子还是个幼儿，才能制止拔苗助长的冲动。要知道，孩子的成长也是有阶段性的，总会在某个阶段里，孩子的某项能力进入一个突飞猛进的阶段。

当孩子长大之后，总会离开父母，离开家庭，然后独立于社会上。对父母而言，能够陪伴孩子成长是一件很难得的事情，因为当孩子迈出九年义务教育时，再想如从前那般陪伴孩子，是很难再有机会的。所以，父母要珍惜现在还能时刻陪伴着孩子的时期，因为等孩子到青少年时期，所有的一切是不能再推倒重来的。

老舍先生曾有一次说起自己的女儿小雨："至于小雨，更宜多玩耍，不可教她识字，她才刚4岁呀！"老舍先生认为，作为父母，首先要维护住孩子的活泼天真，不要因为自己的执念而处处约束孩子，强求孩子。那些"小大人""少年老成"是老先生最不喜乐见的，他说："哲人的智慧，加上孩子的天真，或者就能成个好作家了。"天真可贵，父母要尊重儿童的成长节奏。

写给父母的话

静待花开，默默耕耘。

有父母说："静待花开，是对孩子置之不理，任其生长吗？"花未开前，若不细心照料，帮花修剪枝蔓，花又怎能开得盛大而娇艳呢？所以，不要误读"静待花开"。作为父母，既要陪孩子循序渐进的快乐成长，也要给孩子适当地引导。

比如，一到三岁的孩子，正是语言能力开发期，那好好锻炼和提升孩子的语言能力就够了。在孩子只能读的时候，不要将笔放在孩子手里。

不比较，不较劲

不要拿自己的孩子跟别人的孩子比较，更不要跟别人家的父母暗中较劲。每个孩子的成长节奏都是不一样的，有的孩子个子长得快，有的孩子音乐方面有天赋，有的孩子记忆力好。但这不代表自己的孩子就一无是处。别人家的孩子之所以优秀，那也是父母放大后的结果。人有所长，必有所短。所以，真没有必要相互比较。因为没有比较，就不会较劲，更不会焦虑不安。

多陪孩子玩耍

父母要多陪孩子玩耍，因为在陪孩子玩耍的过程中，父母才能体会到孩子的快乐，感受到孩子在这个年龄段应有的成长节奏。所以，当孩子邀请父母一起玩耍时，不要拒绝，多陪陪孩子。而且，在玩耍中父母更容易与孩子建立信任感。

养育孩子，是父母的一场修行。在修行中，父母遇见孩子的成长，也遇见了自己的另一面，学会了调整自己的情绪，理解孩子，也同时完善、修葺自己。而我们在自己的父母眼里也还是个孩子，然后，我们也处在成长的节奏中，伴随自己的孩子，一路同行。

内 容 提 要

每个父母内心都有一个想象中的孩子，他们会按照想象的样子来教育孩子。其实，孩子是独立的个体，有自己的喜好、习惯和独立的思想。孩子需要自己的空间和可自由支配的时间，来满足个人的需求。真正的爱，不是剥夺，而是放手。本书从八个方面告诉父母如何建立语言、行为、情绪等方面的边界感，让孩子变得自律、主动、有责任感。

图书在版编目（CIP）数据

边界感：父母做得少，孩子懂得多 / 李少聪编著.
北京：航空工业出版社，2024.7（2024.8重印）
ISBN 978-7-5165-3788-6
Ⅰ. G78
中国国家版本馆 CIP 数据核字第 2024SX6078 号

边界感：父母做得少，孩子懂得多
Bianjiegan：Fumu Zuodeshao，Haizi Dongdeduo

航空工业出版社出版发行
（北京市朝阳区京顺路5号曙光大厦C座四层 100028）
发行部电话：010-85672688 010-85672689

三河市宏图印务有限公司印刷　　全国各地新华书店经售
2024年7月第1版　　2024年8月第2次印刷
开本：710 × 1000　1/16　　字数：160千字
印张：11　　定价：49.80元

青蓝